教學相長

창업자와 선생님이 함께하는
아름다운 동행

강영훈
2024. 5. 11

배움을 **경영**하라

배움을 경영하라

초판 1쇄 발행 2010년 7월 9일
초판 7쇄 발행 2024년 4월 30일

지은이 강영중
펴낸이 강호준
펴낸곳 (주)대교

등록번호 제15-251호
등록일자 1990년 1월 22일
주소 서울특별시 관악구 보라매로 3길 23 대교타워
대표전화 (080)222-0909

ISBN 979-11-6994-245-4 03320

이 책의 저작권료와 판매수익금은 학교법인 봉암학원, 대교문화재단,
세계청소년문화재단에 전액 기부됩니다.

'교육 CEO' 강영중의 배움 이야기

배움을 경영 하라

강영중(대교그룹회장)지음

대교

완벽한 사람이 아니라 정직한 사람이 되자!

송자(전 연세대학교 총장 · 명지학원 이사장)

———— "탈탈 털었는데 먼지 하나 안 나오네요. 감사를 왜 나왔나 싶기도 해요."

대교에 세무감사를 나왔는데 탈루 의혹이 전혀 없자 감사관이 한 말이라고 한다. 이제는 사람들이 대교 이야기를 할 때 우스갯소리처럼 이 이야기가 회자되곤 한다. 이런 이야기가 화제가 되는 기업 현실을 먼저 반성해야겠지만, 이 험난한 기업 환경에서 원칙과 소신을 저버리지 않고 정도 경영을 실천하기 위해 끊임없이 노력하는 CEO가 있다는 사실에 뿌듯한 마음을 가져도 될 것 같다.

강영중 회장의 정직함은 업계에서 유명하다. 부정(不淨)과 담을 쌓은 그가 삶의 철학을 경영철학에 적용한 결과 대교는 '한국에서 존경받는 30대 기업'에 선정되었고 한국회계학회로부터 '2010 투명회계대상'을 수상했다. 세계배드민턴연맹의 회장으로 당선되었을 때에도 그는 올곧은 마음자세를 놓치지 않았다. 부패로 얼룩졌던 세계배드민턴연맹을 혁신의 길로 이끌어 투명하고 합리적인 조직으로 바꿔놓았다.

어쩌면 탄탄대로를 걸어온 것처럼 보이는 그의 성공 스토리 뒤에는 범인(凡人)이 해내기 어려운 한 가지가 숨어 있다. 그것은 바로 '정직'이다. 수만 직원의, 아니 수백만 회원의 현재와 미래를 책임진다는 무거운 짐을 어깨에 지고 있었지만 그는 단순하게 생각했다. '올바른 일을 올바른 방법으로 할 때 자연스레 성공이 따라올 것'이라고. 성공이 이렇게 뻔한 말에서 시작한다는 것, 아이러니하지 않은가?

누구나 정직과 겸손, 경청과 열정이 삶에 얼마나 귀중한 가치인지 알고 있다. 하지만 한편에서는 정직한 사람은 바보이고 정직해서는 성공할 수 없는 시대라고 한다. 다들 자신의 잇속을 잘 챙기는 것이 현명하다고 떠들어댄다. 가치가 상실되어가는 요즘, 많은 이들이 이 책에서 우리가 소홀히 하는 가치가 실제로 얼마나 큰 잠재력을 갖고 있는지, 우리의 삶을 얼마나 변화시킬 수 있는지 깨닫기 바란다.

오늘은 내 생애 최고의 날

김홍신(소설가 · 건국대학교 석좌교수)

───── 땅 속에 묻혀 있는 보석은 있으나마나 소용이 없다. 보석의 가치는 땅 속에서 나와 갈고 닦아 빛을 내야 한다. 대교그룹 강영중 회장을 한마디로 표현하라면 스스로 갈고 닦아 빛을 발해 대한민국을 기쁘게 한, 우리 시대의 걸출한 신화 한 편을 쓴 인물이라고 하겠다.

성공한 사람들을 연구한 기록에 따르면 적어도 1만 시간 이상의 노력, 연습, 훈련을 했다고 한다. 1만 시간은 하루에 세 시간씩 10년 세월을 말한다.

강영중 회장은 35년을 한결같이 독보적인 자기경영을 통해 희망이라는 화두에 물과 거름을 주고 햇살을 쏟아부어 참으로 어여쁘고 향기로운 꽃을 피워 올렸다.

그는 세상을 하나의 거대한 책이라 여겨 배움을 멈추지 않았다. 죽고 싶을 만큼 두려웠던 일마저 격동하는 기쁜 마음으로 도전한 저 멈추지 않는 열정. 희망은 어찌 마음을 먹느냐에 따라 모두 공짜라는 걸 분명하게 입증해준 강 회장은 우리 시대에 희망의 상징이 되었다.

'배움이란 비상구의 계단과 같다'고 주장하는 강영중 회장이 스스로 말하는 성공 비결은 딱 두 가지다. 첫째, 자신이 무엇을 배우고 싶은지 알고 있어야 하고 둘째, 배우기 위해 치러야 할 대가를 인정하고 반드시 그 대가를 치러야 한다는 것이다. 그러지 않고 원하는 것만 얻으려 하기에 열등감에 젖게 마련이라는 그는 고비마다 대가를 치르고 태백준령처럼 우뚝 서 담담하게 웃었다. 시련은 사람을 단련시켜 성공으로 이끄는 용광로라고 생각하는 저 웅혼한 자존심.

성공한 사람들이 가진 또 하나의 공통점은 실패, 좌절, 슬픔을 두루 경험하되 그것들에 굴복하지 않는 신념, 자존심이라는 무기를 가진 것이다. 좌절과 열등감은 인생을 주저앉히지만 자존심은 성공으로 오르는 사다리와 같은 것이다. 강영중 회장의 자전적 에세이 『배움을 경영하라』는 읽기 전에 소제목만 봐도 인생을 멋지게 사는 지혜와 성공의 지름길과 어찌 살아야 하는지를 짐작할 수 있게 해준다.

강 회장은 세상에 끌려가지 않는, 세상을 끌고 가려는 놀라운 열정으로 대교그룹을 선두에 세웠으며 대한민국 교육업계를 한 차원 끌어올렸고 세계배드민턴연맹 회장으로 민간외교의 규범을 보여주었다. 그리고 원대한 꿈은 원대한 인생을 만들어준다는 확신으로 대한민국 10대 부자에 등극했다. 그럼에도 그의 영혼은 바람처럼 가볍고 거침없이 자유로웠다. 부자가 미움 받던 시절이었음에도 그의 정정당당한 경영기법과 온당한 처신과 뜨거운 인간애와 아이들 때문에 성장한 기업답게 아이들에게 갚아야 한다는 정신을 인정받아 참 드물게 존경할 만한 부자라는 평판을 얻었다.

성공한 사람들 중에 누군들 혹독한 시련이 없을까마는 강 회장은 1980년 7월 30일 군사독재정권이 발표한 '학교 수업 이외 전면 과외금지'로 학습지 시장에서 100여 명의 직원과 4,200명의 회원으로 자리잡아가던 사업이 와르르 무너지는 고통에 직면했다. 세 명의 동생과 두어 명의 일꾼밖에 남지 않은 절체절명의 참담한 상황에서 그의 진가는 빛을 발했다. 하늘이 무너져도 절망하지 않는 웅지가 결국 오늘의 교육업계 최고의 대교그룹을 이룩한 것이다.

'오늘은 정말 좋은 날이다. 분명 내 생애 최고의 날이 될 것이다.'

아침에 일어날 때마다 자기암시를 던지며 세상을 깊게 호흡하는 강영중 회장의 담대한 한마디에 나는 전율한다.

그대 있어 행복하나니 참으로 고맙습니다.

교학상장의 열정과 신념

엄기영(전 MBC 사장)

──── 세상을 보는 창은 깨끗해야 한다. 덕지덕지 때가 묻은 창문 너머로 세상을 바라보면 온통 더럽게 얼룩져 보일 뿐이다. 창에 거무죽죽한 때가 더 끼어도, 그것을 인식하지 못하는 것은 우리의 눈이 때에 찌든 창을 보는 데 너무 익숙해져 있기 때문이다. 세상을 올바로 보는 방법은 간단하다. 창문에 때가 끼어 있다는 사실을 알기만 하면 되는 것이다. 그리고 그것은 바로 교육만이 할 수 있는 일이다.

뉴스가 세상에 올바른 가치를 전달하고자 세간의 이야기들을 편집하고 재구성하는 작업이라면, 교육은 올바른 가치를 심어주어 세상을 바라보는 눈을 키워주는 역할을 담당한다. 뿌리 깊은 나무가 풍파에도 크게 자라나듯, 올바른 배움을 익힌 이는 세상의 참과 거짓을 가릴 줄 아는 혜안을 갖게 된다. 그런 혜안으로 바라보고 만들어가는 세상은 얼마나 아름다울 것인가.

강영중 회장은 끝없이 배움의 바른 길을 가려는 사람이다. '배우고 가르치며 서로 같이 성장한다(敎學相長)'는 그의 좌우명에서 교육에 대한 열정과 신념을 읽을 수 있다. 그동안 인연을 맺고 지내오면서 그가 자기 주변에서부터 무엇이든 그냥 지나치지 않고 배우려는 자세를 늘 확인할 수 있었다.

마치 호기심 가득한 아이가 "그건 왜 그렇지요?"라고 부모에게 물어보듯, 무한한 배움의 열정을 가졌기에 그가 지금의 자리에 서게 되었다고 확신한다. 그에게 배움은 책에 집약된 지식만 의미하지 않는다. 세상의 수많은 존재와 현상 속에서 그는 배움의 가능성을 발견한다.

아이들의 솔직한 마음에서 나온 말 한마디가 어른들의 수많은 고민을 무용지물로 만드는 현명한 답이라는 사실을 그는 일찍이 느끼고 있었다. 그는 한없이 낮은 자세로 임할 때에만 모든 것이 자신에게 큰 가르침으로 다가온다는 사실을 이미 깨달았다. 아이들의 눈높이에서 세상을 바라보겠다는 그의 다짐에 경의를 표한다.

강영중 회장의 배움 기반의 삶은 비단 성공만을 위한 원칙은 아니다. 옳음을 지향하는 삶, 다른 이들과 공존하는 삶, 어려운 이들을 돕는 삶

역시 배움이 바탕이 될 때 얻을 수 있는 가치다. 어떤 삶이 옳은지는 누구도 결정할 수 없다. 더 많은 배움으로 혜안을 가질 수 있을 때에만 우리는 자연스레 옳은 삶을 몸소 살아갈 수 있을 것이다.

열정적인 나에게
더 많은 기회를 줘라

──── 내가 여전히 배움에 목이 마른 이유는 회사 경영에 대한 부족함을 메우기 위해 늘 배움이 필요하기 때문이다. 창업을 해 사업을 키워나가다 보니 어느덧 대주주가 되고 최고 의사결정권자가 되었다. 하지만 나는 회사 규모가 커질수록 최고경영자에게 필요한 자질이 모자라다고 느꼈고, 그때마다 좌절했다. 나름대로 교육에서 인재경영, 특허, 정보, 홍보까지 배웠지만 아직까지 자질을 다 갖추지 못했다. 그래서 나는 평생을 배움의 자세로 살아야겠다고 마음먹고 있다.

나는 말단직원이나 그 기업을 경영하는 회장이나 모두 배워야 한다고 생각한다. 배움에는 위아래가 없기 때문이다.

한번은 공자가 진나라를 지나갈 때 어떤 사람에게 아홉 굽이나 구부

러진 구멍이 있는 구슬을 얻었는데, 아무리 애써도 실이 꿰어지지 않았다. 그래서 뽕을 따고 있는 한 아낙네에게 다가가 그 방법을 묻자 이렇게 대답하는 것이었다.

"찬찬히 꿀을 생각해보세요."

처음엔 이게 무슨 말인가 했지만 이내 공자는 그 의미를 알아차렸다. 공자는 먼저 나무 밑을 돌아다니는 개미 한 마리를 잡아 허리에 실을 맨 뒤 한쪽 구멍으로 밀어넣고 반대편 구멍에는 꿀을 발라놓았다. 그랬더니 개미가 꿀 냄새를 맡고 이쪽 구멍에서 저쪽 구멍으로 나오는 것이었다. 이렇게 해서 공자는 구슬에 실을 꿸 수 있었다.

그런데 공자가 자신의 신분이 높다고 다른 이에게 배움을 구하려 하지 않았다면, 지금 우리는 역사 속에서 그의 지혜를 볼 수 없을지도 모른다. 공자는 배우는 데 나이나 귀천이 없음을 스스로 보여준 것이다.

물론 나도 알고 있다. 요즘 사람들은 일상이 너무나 바빠 무언가를 배우기엔 시간이 부족하다. 지금 당신은 자신이 할 수 있는 가장 빠른 속도로 일하고 있을 것이다. 어디 그뿐인가. 우리는 늘 지금보다 더 빨리, 더 많이 일해야 한다는 중압감을 받으며 살아가고 있다. 나는 그러한 고충을 잘 알고 있다. 게다가 아무리 열심히 일해도 나보다 더 능력 있고 열심히 일하는 경쟁자들이 있기 때문에 시간을 내어 무언가를 배우기가 더욱 힘들다.

지금 전력을 다해 뛰고 있는 사람에게 '당신은 지금 당신의 능력을 전혀 발휘하지 못하고 있어요. 나한테 조금만 더 배우면 당신의 능력을 모두 발휘할 수 있을 거예요'라고 말하며 멈춰 세운다면, 과연 그가 당신 말을 따를 것 같은가?

그렇다. 우리는 모두 달리고 있다. 그것도 죽을 것처럼 최고 속도로 달리고 있다.

하지만 생각을 바꿔, 한두 번은 질 각오를 하고 잠시 멈춰 서서 당신의 능력을 폭발적으로 늘려줄 배움의 시간을 가져보는 건 어떨까? 마라톤 선수라고 무조건 뛰는 연습만 하진 않는다. 그들도 뛰는 시간보다 멈춰 서서 과학적으로 잘 뛸 수 있는 방법을 연구하는 데 더 많은 시간을 할애한다.

우리가 배움의 시간을 좀처럼 갖지 못하는 것은 이런 생각 때문이다.

'대학원에 가고 싶은데, 지금 친구들은 취직해 꿈을 향해 열정을 불사르고 있는데…… 이렇게 중요한 시기에 대학원에 갔다가 나중에 아무것도 되지 못하고 우스운 꼴이 되면 어쩌지?'

하지만 내 경험으로 판단컨대 그런 생각은 옳지 않다. 요즘에 전혀 맞지 않는 생각이다. 지금은 규칙이 존재하지 않는 시대다. 오늘 성공한 사람이 내일도 성공한다고 장담할 수 없다. 오늘날에는 누구나 점점 더 예측하기 힘든 불확실한 세계에서 일하고 있다. 자신의 자리를 지키고,

나아가 좀 더 발전적인 자신이 되고 싶다면 현재 자기가 하는 일에만 머물지 말고 또 다른 무언가를 배우기 위해 힘써야 한다.

　당신이 어떤 삶을 살고 있든 당신의 능력을 모두 발휘할 수 있도록 스스로에게 기회를 줘야 한다. 그리고 그 기회는 바로 배움에서 온다. 내가 이 책을 쓰는 목적이 바로 그것이다. 배움을 통해 당신이 갖고 있는 모든 능력을 남김없이 발휘하게 되기를 소망한다.

2010년 7월

강영중

PART 1

꿈, 그리고 도전

현실이 숨어 있던 열정을 깨우다

꿈, 그리고 도전

현실이 숨어 있던
열정을 깨우다

즐거움을 포기하고
배움에 몰두하라

———— 한 청년이 있었다. 스물다섯 살 때 아버지가 병환으로 세상을 달리하며 가장이 된 그는 앞으로 살아갈 길이 막막했다. 아버지를 여읜 뒤 어머니와 사남매가 서울로 함께 올라와 먹고살기 위해 정신없이 일했지만 여전히 가난한 삶에서 벗어나는 건 불가능해 보였다. 더구나 혼자 된 어머니가 딱히 하는 일 없이 멍하니 하늘만 바라보는 모습도 견디기 힘들게 하는 것들 중 하나였다.

하지만 이렇게 깊은 절망의 늪에 빠져 있던 청년에게 놀라운 반전이 일어난다. 그렇게도 가난하고 내세울 것 하나 없이 청년 시절을 보낸 그가 대교그룹을 설립해 국내 교육업계 선두기업으로 키워냈고, 우리나라 10대 부자에 올랐으며, 적극적인 사회공헌 활동과 더불어 세계배드민턴연맹(BWF) 회장을 맡아 민간외교를 펼치는 등

'성공한 사람'으로 성장한 것이다.

부끄럽지만 그의 이름은 바로 나 강영중이고, 위에 나온 이야기는 모두 나의 과거다. 당연한 이야기지만, 그 누구도 과거의 내가 지금의 성취를 이룰 거라고 생각지 못했다. 전 세계를 누비며 '배드민턴'을 홍보하는 세계배드민턴연맹 회장이 될지 누가 상상이나 했겠는가. 더구나 2010년에는 '올해의 21세기 경영인'으로 선정되며 그동안 국내 산업 발전에 기여한 공로까지 인정받게 되었으니, 이 모든 것은 스물다섯 살 당시에는 정말 말도 안 되는 꿈과도 같았다.

그렇게 상상조차 힘든 일들이 놀랍게도 현실이 되었다. 나는 가난하고 내세울 것 하나 없던 어린 시절을 딛고 일어나 한국을 대표하는 교육기업인 대교그룹의 회장이자 한국 스포츠를 널리 알리는 홍보대사가 되었다.

이제부터 나의 이야기를 하려 한다.

사실 나는 보통사람들과 별다를 바 없는 청년기를 보냈다. 그런 내가 꿈을 이루기 위해 얼마나 지독하게 배움에 미쳤는지, 그 시절부터 지금까지 배움에 대해 직접 느끼고 생각한 바를 진솔하게 털어놓으려 하는 것이다.

먼저, 내가 생각하는 배움이란 지금 무언가를 배운다고 원하는 게 곧바로 이루어지지 않는다는 것이다. 배움은 철저하게 후불제다.

비록 청년 시절의 나는 모든 환경이 다른 친구들에 비해 보잘것없었지만 포기하지 않고 정말 지독하게 배움에 매달렸고, 마침내 원하는 것을 이루어냈다. 나는 '순간의 즐거움을 포기하고 지독하게 배움에 몰두하는 사람은 어떤 분야든 최정상에 오를 수 있다'는 것을 알고 있었다. 그러므로 나는 확신한다. '지금 당장 재미있는 것만 쫓아다니는 사람의 인생은 조만간 재미없어질 것'임을.

나는 모니터 앞으로 몸을 바싹 끌어당겼다. 책상 위에 팔꿈치를 괴고, 여러분이 이 책을 읽는 순간을 상상한다.

이 글을 쓰면서 나는 '진정한 배움이 무엇인지' 알게 되는 감동의 순간을 맞이했다. 소망이 하나 있다면, 여러분도 나와 같은 경험을 하는 것이다. 이 책이 여러분의 앞길에 든든한 지원군이 되리라 확신하며 이제 내 이야기를 시작한다.

피할 수 없는
현실 앞에서 얻은 깨달음

───── 아버지의 건강이 악화되기 시작한 건 경남 진주에서 서울로 삶의 터전을 옮긴 뒤부터였다. 어머니는 점점 쇠약해지는 아버지를 모시고 시골로 내려가 온 정성을 다해 간병했지만 소용없는 일이었다. 그러면서 우리 가정에 혹독한 시련이 닥쳤다. 더구나 그 무렵 우리나라는 제1차 오일쇼크로 극심한 경제위기에 빠져 있었다.

당시 나는 ROTC(학군장교)로 막 제대한 상황이었다. 1년 전 선배들만 해도 제대 두어 달 전부터 여러 기업의 입사시험에 합격해 마음에 드는 곳을 골라 취직할 정도였다. 하지만 내가 제대할 무렵에는 기업들이 신입사원을 채용하지 않았다. 구인광고를 들고 가면 구직활동 명목으로 외박을 허락받을 수 있었는데, 아무리 눈을 씻고 찾아봐도 신문에는 '○○그룹 수백 명 감원' 같은 우울한 뉴스만 실려 있을 뿐 신입사원 채용 광고는 없었다. 요즘 들어서도 일자리가 없다고 아우성을 치지만, 그때는 지금보다 훨씬 더 취직하기 힘들었다.

되돌아보면 스물다섯 살 무렵의 나는 가진 게 아무것도 없었다. 물질적으로도 환경적으로도 내세울 만한 게 하나도 없었다. 그렇게 희망을 발견할 수 없는 삶을 이어가던 어느 날, 문득 나는 이런 깨달음을 얻었다.

'내 인생에서 일어나는 모든 일은 다 내 책임이 아닌가!'

지금까지도 나는 그 깨달음의 순간을 잊지 못한다. 지금 내 상황이 불행하다면 상황을 바꿔야 했다. 그리고 상황을 바꾸고 싶다면 나 자신부터 달라져야 했다. 스스로 삶을 변화시켜야 했다. 내가 변하지 않으면 아무것도 변하지 않기 때문이다.

내 인생에 대한 책임은 나에게 있다. 누구도 나를 대신해 내 인생을 책임져주지 않는다. 사소하게 생각할 수도 있지만 나는 그것을 깨달은 순간 비로소 희망을 품게 되었다.

하지만 많은 사람들이 과거에 좋지 않았던 일만 떠올리며 여전히 자신의 인생은 불행하다고 한탄한다. 스스로 불행하다고 여기는데, 과연 그 사람의 인생이 행복해질 수 있겠는가. 그런 사람들의 삶은 날이 갈수록 점점 더 팍팍해질 뿐이다.

과거에 사로잡혀 현재를 부정하지 마라. 그리고 미래를 함부로 재단하지 마라. 지금 당신이 불행하다면 과거 어느 날 당신이 했던 일 때문임을 명심하라. 당신이 만들지 않은 일은 없다.

　나는 스물다섯 살에 가장이 된 나의 현실을 피할 순 없었다. 그건 내 삶을 기만하는 행위이기 때문이었다. 혼자 된 어머니를 모셔야 했고, 동생 셋을 공부시켜야 했다. 울고만 있을 수는 없었다. 당장 돈을 벌어야 했다. 다섯 식구의 생계와 미래가 내 어깨에 달려 있었다. 이것이 내 스물다섯 살의 현실이었다.

오기로 뭉친 운명과의 맞대결

뭔가를 시작해 가족을 돌봐야 한다는 생각을 하고 있던 참이었다. 아버지 장례식에 참석한 뒤 일본으로 돌아갔다가 얼마 뒤 다시 귀국한 작은아버지가 내게 이런 제안을 했다.

"영중아, 네가 한국에서 구몬수학을 한번 해보는 게 어떻겠니?"

20여 년간 교육 분야에 종사해온 작은아버지는 일본에 살면서 네 아이에게 구몬수학을 공부하게 했고, 네 명 모두 눈에 띄게 실력이 늘자 한국에서도 사업 성공 가능성이 높다고 확신한 것이다. 나도 그런 상황을 잘 알고 있었다. 대학 시절, 작은아버지가 사업차 한국을 방문할 때마다 내가 수행원처럼 늘 동행했기 때문이다. 작은아버지는 내게 구몬수학의 한국 보급과 경영 일체를 일임했다. 그렇게 해서 나는 교육 사업에 뛰어들게 되었다.

1968년에 도입된 대학입학예비고사제도는 한국 교육계에 지각변동을 일으켰다. 고등학생은 물론이고 초등학생까지 과외교습을 받지 않는 학생이 없을 정도였다. 그러한 상황이었으므로 교육 사업을 잘만 해나가면 우리 식구가 먹고사는 데는 지장이 없을 거라고 생각했다.

그 첫 공간이 '종암교실'이었다. 막상 사업을 시작하려니 가장 먼저 부딪힌 문제가 회원 확보였다. 첫 회원은 작은아버지가 알고 지내는 사람의 자제들인 삼남매가 전부였다. 현실이 이러니 무엇보다도 회원을 늘려야 했다. 하지만 둘째 경중은 군복무 중이고, 셋째 영의는 한창 수줍음이 많은 여학생이라 도움을 청할 수가 없었다. 하는 수 없이 나는 제일 어린 학중과 함께 포스터를 붙이고 다니면서 신입회원이 들어오기만 학수고대하고 있었다.

처음 하는 사업이 쉬울 리 없었다. 회원 모집 포스터를 아무리 붙이고 다녀도, 실력도 경험도 검증되지 않은 곳에 아이를 맡기려는 학부모는 없었다. 회원이 셋밖에 안 되니 수입은 없는 거나 마찬가지였다. 그나마 기력이 약해진 어머니가 소규모로 하숙집을 운영해서 버는 돈이 우리 가족의 유일한 수입원이었다.

그쯤 되자 종암교실에 대한 어머니의 반대가 점점 심해졌다. 나를 걱정하는 주변 사람들도 '넌 사업이 안 맞는 것 같으니 빨리 그만두고 직장을 알아보라'고 충고하기 시작했다.

그런데 내 안에서 이상한 기운이 일어났다. 다들 안 된다며 하지 말라고 하니까 오히려 오기가 생기는 것이었다. 운명이라는 존재가 나에게 한번 싸워보자고 결투를 신청하는 것 같은 느낌이었다. 그 순간 나는 생각했다.

'나는 운명이라는 놈과 싸울 결심을 했는가?'

그리고 사업에 대해 다시 한 번 되짚어보았다. 모든 사업에는 위험이 뒤따른다. 다만 위험을 감수할 만한 가치가 있느냐가 문제인데, 나는 내가 하고 있는 일이 그렇다고 판단했다. 지금은 힘들어도 앞으로 성공할 가능성이 높다고 확신했다.

더구나 종암교실의 첫 회원인 승범·우정·승우 삼남매의 실력이 눈부시게 향상되었기에 나는 더욱 큰 희망을 가졌다.

나는 삼남매에게 더욱 열정을 쏟아부었다. 기름종이를 일일이 철필로 긁고 등사기로 밀어 교재를 만들었다. 아이들이 성취동기를 잃지 않고 꾸준히 학습할 수 있도록 열심히 독려했다. 아이들 역시 부지런히 공부해서 뛰어난 성적을 거두었다.

그러자 학부모들 사이에 입소문이 나기 시작했다. 마침내 초등학교 3학년과 1학년, 유치원생인 삼형제가 새로운 회원이 되었고, 이후 두 남매가 더 들어와 모두 열 명이 되었다. 겨우 열 명이었지만, 그것은 가능성이었고 희망의 씨앗이었다.

그리고 얼마 지나지 않아 놀라운 일이 벌어졌다. 종암동 일대에서 시작된 소문이 서울 곳곳으로 퍼져나가 회원 수가 급격히 늘어난 것이다.

아무리 열심히 홍보해도 회원이 늘어나지 않아 포기하려 했던 사업이 갑자기 잘 풀리기 시작한 것이다. 이때 나는 어떤 일을 하든지 포기하지 않으면 성취할 수 있다는 것을 배울 수 있었다.

생각을 바꾸면
더 넓은 길이 보인다

──────── 회원이 늘어나면서 종암교실은 더욱 활기를 띠었고 학원으로서의 모습도 제법 갖춰갔다. 회원들은 주로 초등학교 3학년부터 6학년까지였지만, 유치원생부터 고등학생까지 다양했다. 대개 반에서 1~2등을 다툴 만큼 공부를 잘하는 아이들이었다.

입회비 5,000원에 한 달 회비 5,000원이었다. 당시 대졸 초임이 5만~6만 원이었으니, 적지 않은 액수라 중산층 집안 아이들이 많았다.

"세상에, 뭐가 그리 비싸요?"

어느 날, 포스터를 보고 종암교실을 찾아온 학부모가 회비를 묻더니 화들짝 놀라며 말했다.

"아이 실력이 향상되는 걸 보면 비싸다는 생각이 안 드실 겁니다."

"실력이 늘지 안 늘지는 해봐야 아는 거고."

"1년은 꾸준히 지켜봐주셔야 합니다."

"1년씩이나요? 5,000원이나 받으면서, 그것도 달랑 수학 한 과목에……."

우리 학습법의 장점과 효과를 설명할 겨를도 없었다. 문을 쾅 닫고 사라지는 학부모의 뒷모습을 보며 쓴웃음을 지을 수밖에.

당시에는 전 과목을 가르치고 2,000~3,000원을 받는 시절이었다. 그런데 1주일에 두 번, 겨우 10~30분간 수학만 가르치면서 당시 물가로 금 두 돈에 해당하는 5,000원을 받았으니 비싸다고 여기는 것도 당연했다.

그렇다고 회비를 낮출 생각은 없었다. 나는 자신이 있었다. 종암교실에서 1년만 꾸준히 공부하면 어떤 학생도 첫 회원이었던 삼남매처럼 실력을 끌어올릴 수 있다고 확신했다. 학부모들은 자학자습(自學自習), 요즘 말로 자기 주도 학습이라는 새로운 개념을 이해하지 못했다.

그때 성행하던 과외지도는, 초등학생의 경우 과외교사가 매일 두세 시간씩 붙어 앉아 임의로 진도를 정하고 전 과목을 가르치는 게 보통이었다. 학교에서는 교사 한 명이 70~80명의 학생을 담당하는 일제시대식 수업을 하고 있었다. 학교 안팎에서 교육의 중심은 학생이 아니라 교사인 셈이었다. 지식의 일방적 주입이 당연시될 수밖에 없었다.

공문수학은 그러한 수업방식에서 완전히 벗어나 있었다. 교과과정에 얽매이지 않고 학생 스스로 풀 수 있는 쉬운 문제부터 시작했다. 학습시간도 길지 않았다. 하루종일 책상에 붙어 앉아 책만 들여다본다고 공부가 되는 것은 아니다. 공문수학은 짧은 학습시간으로 효율성을 극대화했고 아이들의 부담감도 줄였다. 초등학교 저학년은 10분 안팎, 고학년은 10~20분, 중학생은 20~30분이었다. 학습량은 매달 1,600~3,000문제. 교재 10장 가운데 4장을 풀면 내가 그 자리에서 채점을 하고 미진한 부분을 가르쳤다. 나머지 6장은 숙제로 내주어 다음 시간에 점검하고 지도했다. 평가방식도 달랐다. 정해진 시간 안에 문제를 풀어야 하고, 100점 만점에 몇 점을 맞느냐보다는 100점 맞은 쪽수가 몇 쪽인가로 평가했다. 각 단계마다 완전학습이 이루어져야 다음 단계로 넘어가는 학습방식이었다.

지도교사의 역할은 공부를 가르친다기보다 진도를 관리하는 개념이었다. 얼마나 정확하게 문제를 푸는지, 속도는 적당한지 등을 계속 점검하면서 목표로 삼은 수준에 도달하도록 격려했다. 그래서 우리 회원들은 완벽하게 이해하지 못한 채 다음 단계로 넘어가는 일이 없었다.

나는 세 명의 회원이 열 명이 되었듯, 다시 100명이 되고 1,000명이 되는 날이 올 거라고 믿었다. 물고기를 잡아주는 것이 아니라 물고기 잡는 법을 가르쳐주는 교육 방법에 대한 자부심과 확신이 있었다.

가슴 깊이 사명감을 새겨라

─────── 공문수학의 회원들 중에는 고위 공직자의 자녀도 있었다.
그런 아이들은 대개 특권의식이 있어서 자신도 아버지의 지위만큼
대우받기를 바랐다. 그 중 한 아이가 숙제를 해오지 않았다. 벌써 몇
번째인지 몰랐다. 부드럽게 타이르기도 하고 호되게 야단도 쳐보았
지만 도무지 소용이 없었다. 그렇다고 그냥 내버려둘 수는 없었다.
교사의 말을 한 귀로 흘려듣는 오만함과, 숙제를 해오지 않는 나쁜
버릇을 반드시 고쳐야 했다. 나는 최후의 수단을 강구했다.

"손바닥 내라."

하지만 아이는 꼼짝도 하지 않았다. 놀라움과 '설마' 하는 마음,
수치심과 분노가 서린 복잡한 표정으로 나를 빤히 쳐다볼 뿐이었다.

"손바닥 내라니까!"

지켜보던 아이들이 숨을 죽였다. 아이가 주뼛거리며 손바닥을 내밀었다.

"몇 대 맞겠니?"

"……."

"네가 결정해라."

"……."

"미워서 때리는 게 아니다. 네가 지금 이 매를 맞지 않으면, 넌 평생 사람들에게 매보다 더 아픈 일을 당하게 될 거다."

"……."

"네가 숙제를 해오지 않은 걸 야단치는 이유는 공부를 안 해서가 아니다. 약속을 지키지 않았기 때문이다. 공부보다 중요한 게 믿을 수 있는 사람이 되는 건데, 약속을 어기는 버릇을 바로잡지 않으면 아무도 널 믿지 않게 될 거야. 내 말 알아듣겠니?"

"예."

"몇 대 맞겠니?"

"세 대요."

마치 중요한 의식을 치르듯, 나는 절도 있게 아이의 손바닥을 세 번 내리쳤다. 잘못을 하고도 벌을 받지 않으려는, 자신은 특별대우를 받아야 한다는 마음이 읽혔을 때는 아이가 미운 게 사실이었다. 하지만 나는 매질에 감정을 싣지 않았다. 진심으로 아이의 버릇을 바로잡아주고 싶었다.

아이는 교사가 애정 어린 체벌을 하는지, 자신의 감정을 주체하지 못해 화풀이 수단으로 체벌을 하는지 정확하게 안다. 그래서 체벌 하는 태도에 따라 결과가 달라진다. 내게 손바닥 세 대를 맞은 그 아이는 그 뒤로 숙제를 해오지 않는 버릇을 고쳤다.

내 방식을 끝내 받아들이지 못하는 아이도 있었다. 모 그룹 회장의 아들이 친구들을 못살게 굴어 따끔하게 야단쳤는데, 다음 시간에 나타나지 않았다. 집으로 전화를 했더니 어머니가 찾아왔다. 아이가 내게 혼이 난 상황을 과장해서 말한 모양이었다. 아이의 어머니는 별것 아닌 일로 귀한 자식을 꾸짖는다며 말끝에 '생각보다 실력이 늘지 않는다'는 불만까지 덧붙였다.

"저는 아이들에게 공부만 잘하면 된다고 가르치지 않습니다. 공부도 중요하지만, 그렇다고 인성교육을 소홀히 해서는 안 되지요. 저는 잘한 일이 있으면 아낌없이 칭찬하고, 잘못한 일이 있으면 단호하게 꾸짖습니다. 그게 제 교육방식입니다. 그리고 실력은 하루아침에 늘지 않습니다. 특히 수학은 시간을 얼마나 투자했느냐에 따라 결과가 확연하게 달라집니다."

학습을 중단하는 회원들이 있었지만, 그럴수록 나는 더 성심을 다해 아이들을 지도했다. 회원이 중도에 그만둔다는 것은 교사나 교수 방법이 좋지 않다는 것이므로, 그만큼 나 자신에 대해 반성하고 더욱 성실하게 임하라는 뜻이었다.

나는 실력 외에 올바른 교사의 모습으로 학부모들에게 다가섰다.

그런 교사가 되어야 학부모들에게 자기 아이를 믿고 맡겨도 되겠다는, 뭔가 얻을 수 있겠다는 기대감을 심어줄 수 있다고 생각했다. 그것이 생활철학이자 가르치는 신념이 되다 보니 학부모들도 나를 신뢰하기 시작했다.

누가 시켜서 하는 일이었다면 그토록 열심히 할 수 있었을까? 그런 사명감이 없었다면 나는 어떻게든 회원 수를 늘리기 위해 한 명이라도 더 붙잡으려 애썼을 테고, 체벌을 하거나 혼쭐을 내는 '위험천만' 한 행동을 하지 않았을 것이다.

만약 그때 내가 회원들을 돈으로만 계산했다면, 지금보다 더 큰 성공을 거두었다 해도 나는 결코 행복하지 않았을 것이다. 회원 몇 명을 더 받아들일 때마다 물질적으로 더 풍요로워졌겠지만, 나의 자부심은 여위어갔을 것이다. 나는 교사였기 때문이다. 그것은 내가 늘 가슴 깊이 새기고 있는 엄중한 사명이었다. 공교육 현장에 몸담고 있지는 않았지만 나는 분명 교사였고, 지금도 앞으로도 그러할 것이다.

눈앞의 이익보다
앞날을 밝히는 배움을 취하라

———— 내가 배움을 위해 시간을 투자하라고 권하면 사람들은 이렇게 말하곤 한다.

"퇴근한 뒤에 또 아르바이트를 해야 합니다."

그럼 나는 그에게 묻는다.

"당신은 왜 직업이 두 개여야 합니까?"

"어쩔 수 없죠. 저는 회장님처럼 여유가 있거나 돈이 많지 않으니까요. 집을 담보로 받은 대출금이 아직 많이 남아 있고, 애가 둘인데 올해 하나가 대학에 입학했습니다. 그리고 자동차 할부금은 또 어떡합니까?"

그는 배움을 위해 시간을 투자할 수 없는 게 아니라 자신의 삶에 배움이 녹아들 수 없는 삶을 선택한 것이다. 배움은 선택이다. 그는 지금 당장 큰 집을 팔아 작은 집으로 이사하고, 새 자동차를 팔아 중고를 구입하고, 아이 스스로 돈을 벌어 대학에 다니게 하면 된다.

내가 그렇게 말하면 사람들은 대부분 깜짝 놀라면서 이렇게 되묻는다.

"회장님께서는 제가 그렇게 선택할 수 있다고 생각하십니까?"

많은 사람들이 그러하니까 어쩔 수 없이 그렇게 선택한다는 것은 변명에 불과하다. 당신은 변명을 선택한 것이나 다름없는 것이다.

다시 한 번 강조하지만, 배움은 소수의 사람들에게 주어진 특권이 아니라 의지만 있으면 누구나 할 수 있는 선택이다. 물론 어느 정도의 노력은 필요하다. 하지만 지금 당장 조금만 불편하면 머지않아 지금보다 훨씬 더 자유롭고 행복한 삶을 누릴 수 있다.

이 책을 쓰는 동안 참 많은 순간이 떠올랐다. 그동안 회사를 이끌어오면서 나는 수많은 선택의 갈림길에 섰다. 예상치 못한 위기가 새로운 출발점이 되거나 성과가 없어 불안해하기도 했다. 지쳐 포기하고 싶을 때도 있었고, 쉬운 길로 가고 싶은 유혹에도 시달렸으며, 거짓으로 속이고 적당히 타협하고 싶은 마음이 들 때도 많았다. 그 모든 유혹에 한 번도 굴하지 않고 원칙을 지키면서 여기까지 왔다. 어떻게 그럴 수 있었을까. 무슨 힘으로 여기까지 올 수 있었을까.

더구나 나는 많이 부족한 사람이다. 어쩌다 보니 최고경영자가 되었을 뿐 체계적으로 경영 수업을 받은 적도 없고 경영자로서 덕망과 인품도 부족하다. 자신감도 부족해서 낮에는 교재를 연구하고 저녁에는 학생들을 가르치러 다니던 힘든 시절에 '나는 성공할 수 있다'는 자기암시를 하루도 거르지 않았다. 내가 발휘하고 있는 능력은 신에게 부여받은 것의 5퍼센트도 안 된다는 말을 되뇌며 자신감을 가지려고 노력했다. 그 정도로 나는 부족한 사람이다. 그럼에도 여기까지 올 수 있었던 것은 내 곁에 있는 수많은 사람들 덕분이다.

나는 곧잘 이렇게 말한다.

"그동안 좋은 사람들을 많이 만난 것이 저의 성공 비결입니다."

이 말은 엄연한 사실이다. 과외금지조치로 교재를 찍어낼 돈이 없어 힘들어할 때 선뜻 전 재산을 빌려준 친구, 월급을 못 받아도 상관없으니 끝까지 함께하겠다던 선생님들, 그 밖에도 일일이 열거할 수 없을 만큼 많은 분들이 나를 도와주었고 오늘의 대교를 만드는 데 동참했다.

대교는 그런 이들의 열정과 정성으로 일궈온 기업이다. 회사가 존망의 기로에 놓여 있던 위기에도, 자고 일어나면 회원이 몇백 명씩 늘어나던 성장의 절정기에도, 성장이 제자리걸음을 하던 침체기에도 언제나 직원들은 열심히 일했고 회사를 사랑하는 마음은 변함이 없었다. 서울과 부산 같은 대도시에서 강원도 산골과 섬마을, 그리고 해외에 이르기까지, 회원들을 직접 만나 눈높이 사랑을 실천하는 것은 회장이나 임원이 아니라 바로 일선의 선생님들이다. 그분들이 있기에 대교가 존재해왔고 또 존재해나갈 것이다.

성공으로 가는 엘리베이터는 작동하지 않는다. 하지만 저쪽에 비상구는 언제나 열려 있다. 배움이란 비상구의 계단과도 같은 것이다. 누군가의 힘으로 이동하며 스쳐지나 보내는 게 아니라 자신의 발자국을 하나하나 남기며 밟고 올라가는 것이다. 나는 그 느낌을 좋아한다. 모든 것이 내 것처럼 느껴지기 때문이다. 하지만 엘리베이터를 타면 누군가의 도움을 받고 올라가는 것 같아 마음이 내키지 않는다.

나는 나를 둘러싼 수많은 사람들을 통해 많은 배움을 얻었고, 그 힘으로 지금까지 올 수 있었다. 부족한 나에게 이런 최고의 순간을 허락한 것은 배움의 힘이었다. 지금 당신이 나의 가난했던 시절과 같다면 나는 이런 이야기를 들려주고 싶다.

당신이 어떤 일을 할 때, 그 일을 통해 얼마나 많은 이득을 얻을 수 있을까에 생각이 미친다면 당신은 결코 성공할 수 없다. 반대로 그 일을 통해 얼마나 많은 깨달음을 얻을 수 있을 것인가를 생각한다면 머지않아 당신은 크게 성공할 것이다. 당장의 이득보다 멀리 함께할 수 있는 배움을 꿈꿔라. 그것이 당신을 더 멀리까지 날아갈 수 있도록 도와줄 것이다.

지독하게 배워
'최고의 나'가 되라

———— 많은 사람들이 내게 성공의 비밀이 무엇이냐고 묻는다. 그러면 나는 늘 이렇게 대답한다.

"딱 두 가지만 있으면 됩니다. 첫째, 자신이 뭘 배우고 싶은지 알고 있어야 하죠. 물론 많은 사람들이 그건 잘 알고 있는데, 문제는 두 번째에 있어요. 둘째는 배우기 위해 치러야 할 대가를 결정하고, 열심히 그 대가를 치르는 것입니다. 하지만 많은 사람들은 대가를 치르지 않고 원하는 것만 얻으려고 하죠."

많은 사람들이 이것저것 배우고 싶은 게 많다고 하지만, 현실적인 이유를 들어 그 배움을 포기하거나 자신이 처한 상황을 비관한다. 하지만 배움을 위해 대가를 치르는 건 당연한 수순이다. 아무런 희생 없이 얻을 수 있는 건 오직 현실 안주뿐이다.

문학이나 예술의 대가는 특정 계층에서만 나오지 않는다. 부유한 계층뿐만 아니라 가난하고 불우한 환경 속에서도 세계적인 위인이 탄생한다. 이를 증명이라도 하듯 불우한 환경을 딛고 세계적인 대문호로 우뚝 선 사람이 있는데, 그는 바로 영국의 극작가 셰익스피어다.

셰익스피어는 미천한 집안에서 태어났는데, 그가 어떤 직업을 가졌는지는 확실치 않다. 한 해양작가는 그의 글에 해양 관련 용어가 자주 나오는 것으로 미루어 그가 뱃사람이었을 거라고 주장하고, 어느 성직자는 책 내용을 근거로 그가 교구 목사였을 거라고 추측한다. 그리고 어느 유명 감정가는 그가 말 장사꾼이었다고 말한다.

이렇듯 온갖 추측이 난무하지만, 한 가지 분명한 사실은 셰익스피어가 불우한 환경에서 수많은 직업을 전전하며 힘들게 살았다는 것이다. 그러면서 연극에서 배역을 맡듯 자신의 직업을 통해 다양한 체험을 하며 많은 사람들의 인생을 보고 배웠다. 그래서 오늘날까지도 그의 작품이 전 세계인에게 큰 감동을 안겨주고 있는 것이다.

보통사람들보다 몇 배의 일을 해내는 사람들을 보면 우리는 궁금증이 생겨 이렇게 묻는다.

"도대체 어디서 시간이 그렇게 나서 그 많은 일을 해내는 거죠?"

물론 사람에게 주어진 시간은 누구나 같다. 다만 할 일이 많고 의욕이 넘치는 사람들은 일할 시간도 많게 마련이다. 해야 할 일과 의욕이 넘치니 쓸데없이 소비되는 시간을 철저히 없애고, 주어진 시간을 알차게 사용한다.

우리는 곧잘 지난날은 모두 잊고 다시 시작하자고 말한다. 새로운 마음가짐으로 내일을 준비하겠다는 의미다. 하지만 과거를 모두 잊는 것은 옳지 않다. 잘했든 못했든 과거의 자기 행동을 통해 앞으로 남은 인생을 어떻게 살아가야 할지 지침을 얻을 수 있기 때문이다.

또한 지금 당신이 다니고 있는 회사의 역사를 알아보는 것도 스스로에게 큰 도움이 된다. 자기 회사가 걸어온 발자취를 돌아보며 설립자는 어떤 신념으로 회사를 만들었고, 어떤 경영 마인드로 회사를 운영하고 있으며, 미래 비전이 무엇인지를 알 수 있게 된다. 그 모든 것을 통해 앞으로 어떻게 일해야 할지 구체적인 업무계획도 세울 수 있다. 그렇게 과거를 통해 현재 부족한 부분을 배우는 과정을 반복하라.

당신의 상사 역시 그러한 과정을 반복했다. 지금은 정말 완벽하게 업무를 처리하고 있는 상사도 예전에는 당신처럼 일에 서툴렀다. 당신의 상사는 단지 당신보다 먼저 과거를 분석하면서 모르는 것을 배웠을 뿐이다. 당신보다 유능한 사람도 똑똑한 사람도 없다. 그러므로 다른 사람이 해냈다면 당신도 해낼 수 있다. 어떤 일이든 배우면 못할 일이 없다. 다른 사람들이 능수능란하게 처리하는 일을 당신이 못한다면 아직 당신이 그 기술을 배우지 못했기 때문이다.

자기 분야에서 최고가 되겠다고 결심했는가? 그렇다면 이렇게 자문해봐라.

‘어떻게 최고가 될 것인가?’

　대부분의 사람들이 저 밑에서 꼭대기까지 올라섰다. 자신의 위치를 완전하게 바꾼 수많은 사람들이 존재한다. 당신도 할 수 있다. 단지 그들은 먼저 배우기 시작했을 뿐이다. 당신도 시작하라.

당신도 꿈을 이룰 수 있다

사람들을 만날 때면 나는 꿈을 가지라고 말한다. 그것도 엄청나게 큰 꿈을! 당신이 갖고 있는 잠재력을 모두 끄집어내기 위해서는 꿈이 필요하다.

그런데 잠시 한번 생각해보라. 우리는 이런 어중간한 꿈을 품지 않는다.

"우리 반에서 30등을 하는 게 꿈이야."

"내 꿈은 죽기 전에 연봉 3,000만 원을 받는 거야."

이 정도의 바람은 꿈이라고 말하기 어렵다. 꿈은 언제나 우리에게 어떤 가능성을 보여준다. 그래서 당장이라도 마음만 먹으면 달성할 수 있는 목표가 아니라 지금은 불가능해 보이는 꿈을 가지게 된다. 중간 정도만 하고 싶다는 꿈은 아무도 갖지 않는다.

나 역시 대교를 운영하면서 학습지 시장에서 중간 정도만 하면 좋겠다고 꿈꾸지 않는다. 언제나 최고의 교재를 만들고 최고의 교육을 제공해 전 세계로 뻗어나가는 세계 최고의 기업을 꿈꾸었다. 그렇게 내 꿈은 나를 앞으로 나아가게 해주었다.

지금보다 더 원대한 꿈을 꿔라. 지금 당신의 능력으로 이루기 힘든, 조금은 벅찬 꿈을 꿔라. 지금 꾸는 당신의 원대한 꿈이 원대한 인생을 만들어줄 것이다.

다만 여기서 필요한 것은 긍정적인 사고방식이다. 많은 사람들이 자기 능력을 과소평가하며 자신의 꿈이 이루어지지 않을 거라고 생각한다. 하지만 그런 사고방식은 옳지 않다. 잘 된다고 생각해도 잘되기 힘든 세상인데, 처음부터 안 된다고 상상하면 당연히 안 될 확률이 높아진다.

패배를 생각하는 자는 패배하게 된다. 그러므로 언제나 꿈을 이룰 수 있다고 생각하라. 당신의 능력을, 당신의 의지를 믿어라. 꿈을 이룬 사람은 당신보다 특별한 사람이 아니다. 단지 자신의 꿈을 보통사람들보다 조금 더 오래 믿었던 사람이다. 남들보다 조금 더 끈질기게 자신의 꿈을 믿은 사람은 꿈을 이룬 자가 될 수 있다.

꿈의 소중함을 알고 있는 나는 아이들에게 꿈의 전도사가 되기 위해 한국스카우트연맹 활동에 적극적으로 참여하고 있다. 보이스카우트, 걸스카우트 등으로 우리나라에도 잘 알려져 있는 스카우트(Scout)는 1907년 영국의 베이든 포엘 경이 노동자 자녀를 비롯해 다양한 계층의 청소년 20명과 함께 브라운시 섬에서 실험캠프를 연 것이 그 시초다.

오랫동안 아이들을 위한 교육 사업을 해온 내가 스카우트와 인연을 맺게 된 것은 어쩌면 당연한지도 모른다. 대교는 아이들로 인해 성장한 기업이다. 때문에 나는 늘 아이들에게 보답해야 한다는 생각을 갖고 있었다.

'무엇이 아이들을 위한 일일까?'

'아이들이 꿈을 꿀 수 있고, 그 꿈을 통해 좀 더 아름다운 내일을 만들게 하려면 어떻게 해야 할까?'

이것은 나의 오랜 고민이었다. 그런데 우연한 기회에 한국스카우트연맹에서 부총재직을 맡아줄 수 있겠느냐고 제의해왔다. 그전부터 어렴풋이 알고는 있었지만, 스카우트가 어떤 일을 하는 곳인지 상세한 설명을 들은 나는 주저 없이 부총재직을 수락했다. 그렇게 스카우트와 인연을 맺은 나는 4년간 부총재직을 수행하다가 2008년부터는 총재직을 맡게 되었다.

스카우트는 미래가 기대되는 아이를 만드는 글로벌 청소년운동이다. 스카우트에 소속된 청소년들은 또래 리더인 반장이 이끄는 반제도를 통해 야영 등 훈육활동을 하면서 심신을 단련하고 국가와 사회가 필요로 하는 올바른 시민으로 성장해나가게 된다. 그러한 활동 속에서 아이들은 단순히 재미만 느끼는 게 아니라 다양한 사람들과 어울리는 방법을 익히게 되고, 다른 사람들과 함께 좀 더 밝은 미래를 꿈꿀 수 있게 된다.

한국스카우트연맹은 내게 그 의미가 남다르다. 나라의 미래를 이끌어갈 청소년들을 위해 적극적으로 활동할 수 있는 기회이기 때문이다. 앞으로도 내 능력과 체력이 허락하는 한 나는 스카우트 일을 꾸준히 해나가며 아이들이 꿈을 키우고, 그것을 이뤄나가는 모습을 지켜볼 생각이다.

PART

2

위기를 기회로

절망에서 건져낸
눈부신 희망

오늘 나는 내 밥값의
세 배 이상 노력했는가?

─────── 기업 경영의 바이블로 꼽히는 짐 콜린스의『좋은 기업을
넘어 위대한 기업으로』에서는 전진을 가로막고 있는 장애물을 확인
하고 극복하려면 자기 자신과 사업에 대해 냉혹한 질문을 주저 없
이 던져야 한다고 경고한다. 그래서 나는 정기적으로 지금 나 자신
에게 던져야 할 냉혹한 질문은 무엇일까 고민한다. 그 대표적인 질
문이 바로 이것이다.

'오늘 나는 내 밥값의 세 배 이상 노력했는가?'

나에게도 이 질문을 던지면 스스로 얼굴이 붉어질 정도로 밥값을
못한 날도 있고, 그와 반대인 날도 있다. 열심히 살지 않는 사람은
없다. 누구나 자기 밥값 정도는 하고 산다.

내가 알고 있는 한 기업인은 평일 저녁 시간이 날 때마다 영어를

배우고 책을 읽는 등 누구보다도 무섭게 배움에 열을 올린다. 하지만 그는 오로지 휴식만 취하는 일요일이면 몸이 아픈 증상에 시달리게 되었다. 생각해보니 그의 경우 평일에는 배움에 열을 올리며 긴장했던 몸이 일요일이 되면 긴장이 풀려 오히려 휴식이 병이 된 것이다.

이러한 예에서도 엿볼 수 있듯, 배움에는 휴식이 필요하지 않다. 오히려 배움을 잠시 쉬려는 마음이 건강을 해친다. 그래서 나는 휴식보다 어떻게 하면 더 많이 배워 세 배 이상의 밥값을 할 수 있을까를 먼저 고민한다. 그것이 바로 실패하는 CEO와 성공하는 CEO의 갈림길이라고 생각하기 때문이다.

혹시 '붉은 여왕의 법칙'에 대해 들어본 적이 있는가? 지난 수십 년 동안 나는 이 법칙을 가슴속에 담고 살아왔다. '이 정도면 되겠지'라는 생각이 들 때마다 이 법칙을 떠올리며 나를 닦달해 다시 배움을 향해 내달렸다.

잠시 동화 속으로 한번 들어가보자. 앨리스와 붉은 여왕이 숨을 헐떡이며 달리고 있다. 한참을 달린 앨리스가 더 이상 달리기 힘들다는 표정으로 붉은 여왕을 보며 말했다.

"우리나라에서는 이렇게 열심히 달리면 어딘가에 도착하게 돼요."

그러자 붉은 여왕이 호통을 치며 말했다.

"이런 느림보 같으니! 여기서는 이렇게 달려야 겨우 제자리야. 어딘가에 닿으려면 두 배는 더 열심히 달려야 해."

이것은 누구나 알고 있는 유명한 동화 『이상한 나라의 앨리스』에 나오는 이야기다. 앨리스와 붉은 여왕이 달리고 있지만, 이 나라에서는 같은 속도로 주위의 사물도 함께 달리고 있다. 그래서 평범한 속도로 달리면 힘만 들 뿐, 도저히 앞으로 나아갈 수 없다.

이 이야기는 우리의 삶을 관통하는 메시지를 담고 있다. 남들처럼 하면 남들 이상이 될 수 없다는 말이 있지 않은가. 우리는 서로 '이 정도면 됐겠지. 내가 얼마나 많이 노력했는데'라고 생각하며 자신의 노력에 비해 성과가 뒤따르지 않는다고 불평한다. 하지만 나는 그런 사람들에게 이렇게 말해주고 싶다.

"다들 그 정도는 하고 산다."

지금 이 시간에도 당신은 열심히 달리고 있다. 그럼에도 당신이 앞서나가지 못하는 것은 다른 사람도 그 정도는 달리고 있기 때문이다. 그렇다고 힘이 빠져 달리기를 포기한다면 당신은 중간에도 들지 못하게 될 것이다.

붉은 여왕은 남들보다 앞서 어딘가에 도착하려면 두 배 이상 빨리 달려야 한다고 말했지만, 나는 나 자신에게 그 이상을 요구하며 살아왔다. 내가 원치 않는 어딘가에 닿는 것은 아무런 의미가 없다. 내가 원하는 곳에 정확히 도착하려면 남들보다 두 배가 아닌 세 배의 노력을 쏟아부어야 한다. 그래서 나는 어떤 일을 시작하기 전에 최소한 남들보다 세 배는 더 열심히 해야 한다는 생각을 가지고 임한다.

두려운 일에
과감히 뛰어들어라

———— 변화하지 않는 것이 변화하는 것보다 위험하다는 말이 있다. 그리고 나는 이런 생각을 해보았다.

'누구나 할 수 있는 안전한 일이 아닌, 가장 위험한 일이 당신의 미래를 밝게 만든다.'

스스로 말하긴 부끄럽지만, 그동안 나는 제법 성공적으로 살아왔다. 하지만 내게 성공을 안겨준 모든 사건과 상황을 돌아보면 죽고 싶을 만큼 두려웠던 적이 한두 번이 아니었다. 그렇다. 어떤 일을 시작하기 전에 두려움이 생기지 않는다면 당신에게 아무런 이익도 주지 않는다. 그래서 나는 사업을 시작하고 결정할 때 나를 가장 두렵게 만드는 일에 심장의 박동을 느끼고 기쁜 마음으로 도전한다.

누구나 할 수 있는 안정된 사업을 시작할 때는 두려움이 생기지 않는다. 절대 실패하지 않는다는 생각이 들기 때문이다. 하지만 그일은 아무리 열심히 노력해도 큰 성공을 거둘 수 없는 일이다. 돈을더 벌고 싶거나 명성을 얻고 싶다면 두려움을 감수할 준비가 되어있어야 한다. 두려움을 감수하지 않는 사람에게는 아무것도 주어지지 않는다.

지금 당장 당신을 지켜주는 안전지대를 떠나라. 그리고 당신을두렵게 만드는 그 일에 당신의 삶을 투자하라. 두려움이 해결되면다음엔 더 큰 두려움을 느끼게 만드는 일에 뛰어들어라.

지금까지 내가 살면서 가장 두려웠던 순간이 있다. 그로부터 30년이 지난 지금도 나는 그날의 충격을 잊지 못한다.

1980년 7월 30일 이른 아침이었다. 평소 습관대로 나는 일어나자마자 밖으로 나와 신선한 공기를 들이마시며 조간신문을 집어 들었다. 그러자 자연스레 1면 머리기사의 제목이 눈에 띄었다.

내일부터 과외 전면 금지 - 학교 수업 말고는 못해

눈앞이 캄캄했다. 동생 학중과 포스터를 붙이며 돌아다니던 순간들, 회비가 비싸다며 화를 내고 돌아가던 학부모들, 회원이 좀체 늘어나지 않아 초조해하며 잠 못 이루던 나날이 떠올랐다. 숱한 어려움을 이겨내고 이제 막 자리를 잡아가고 있는 중에 생긴 일이라 두려움이 몰려왔다.

한국공문수학연구회는 회원 증가로 장밋빛 미래가 예견되고 있는 때였다. 중구 저동에서 강남구 압구정동으로 사무국을 이전해 강남시대를 열어가는 참이었다. 더구나 교육열 높기로 둘째가라면 서러워할 압구정동에서도 좋은 반응을 얻고 있었다.

회비만 생각할 때 당시 공문수학은 고급 과외였다. 그럼에도 회원이 급증한 것은 콘텐츠가 좋고 교사들의 실력이 뛰어났기 때문이었다. 그 기세를 몰아 인천에도 연락사무국을 개설한 터였다. 뒤이어 문을 연 부산 연락사무국은 회원 200명을 바라보며 영남지역 보급에 한몫을 하고 있었다. 4년 반 만에 회원은 4,200여 명으로 늘어났다. 교사도 100여 명에 이르렀고, 관리직원만 일곱 명이었다.

나는 여기까지 오는 데 얼마나 많은 노력을 쏟아부었는지 잘 알고 있기 때문에 억울한 마음이 들었다. 하지만 국가가 하는 일을 막을 수는 없었다. 당장 내일부터라니 대책을 세울 시간도 없었다. 그러자 하루아침에 모든 걸 잃게 될지도 모른다는 두려움이 엄습했다.

무거운 마음으로 출근을 하니 다들 심각한 표정을 짓고 있었다. 여직원 한 명이 다가와 내게 말했다.

"어떡하죠? 그만두겠다는 회원들의 전화를 받느라 일을 할 수 없을 지경이에요."

그러나 이것은 시작에 불과했다. 그날 이후 기하급수적으로 휴회가 늘어나 아예 전화를 받지 못할 정도로 상황이 악화되었다. 평생을 바치겠다고 마음먹은 사업이 이렇게 하루아침에 무너지고 마는 건가. 참담했다. 교육위원회와 각급 학교에서는 '공문수학은 과외에 해당되므로 공문수학을 하지 말라'는 가정통신문을 보내기 시작했다.

기존 방식으로는 더 이상 유지해나갈 수 없었다. 어쩔 수 없이 학부모들에게 교재를 받아가도록 했다. 다 푼 교재는 다시 가져오게 하여 채점을 해서 보냈다. 하지만 이 방법은 무리였다. 학부모 입장에서는 아무리 교재가 좋아도 번거롭지 않을 수 없었다. 결국 4,200여 명에 이르던 회원은 눈 깜짝할 사이에 400명으로 줄어들었다.

별의별 생각이 다 들었다.

'비밀리에, 음성적으로, 들키지 않고 할 수 있는 방법은 없을까?'

하지만 그것은 정직을 신념으로 삼고 있는 내게 맞지 않았다. 그럼 어떻게 해야 할까. 더 이상의 손해를 막으려면 이쯤에서 사업을 접어야 하지 않을까.

모두 다 내팽개치고 아무도 없는 곳으로 도망치고 싶기까지 했다. 너무나 답답했다. 삼촌이 조카를 앉혀놓고 잠깐 공부를 가르쳐도 과외로 잡혀간다는 말이 떠도는 지경이니, 도무지 어떤 방법으로 사업을 해나갈지 암담하기만 했다.

게다가 심각한 자금난에 시달리고 있었다. 나는 돈을 빌려줄 만한 사람들을 찾아다니기 시작했다. 하지만 선뜻 돈을 빌려주는 사람이 없었다. 과외금지조치가 내려진 상황에서 내 사업이 내리막길로 접어들고 있는 걸 뻔히 알고 있는데 누가 돈을 빌려주겠는가. 겨우겨우 장모님에게 돈을 빌릴 수 있었다. 혼자 된 당신의 노후자금이었는데, 돌려받지 못할지도 모른다는 걸 알면서도 빌려주신 거라 정말 고마웠다. 장모님 덕분에 급한 불은 끌 수 있었다.

하지만 그것도 잠시, 회원들이 썰물처럼 빠져나가니 상황은 점점 악화되었다. 밥을 지어 먹을 엄두조차 내지 못했다. 선생님들과 대야에 라면을 끓여 먹으며 하루하루 버텨나갔다. 더 이상 견디지 못하고 나가는 선생님이 하나둘 생기기 시작했다. 가슴이 아팠다. 그러나 대부분은 끝까지 함께하겠다고 했다.

"월급 못 받아도 괜찮습니다. 다함께 노력하면 회사를 살릴 수 있습니다. 그때까지 남겠습니다."

굳은 결의를 보이는 그들의 모습에 말할 수 없는 고마움을 느꼈다. 힘이 솟고 용기도 났다. 그러나 나는 그들을 떠나보내야 했다. 그것은 피할 수 없는 흐름이었다. 전망이 불투명한 직장에 언제까지나 젊은 인재들을 붙잡아둘 수는 없었다. 신의보다 실리를 택하도록 그들을 이끌어야 했다. 자유롭게 새 직장을 찾아가도록 도와야 했다.

그렇게 모두 떠났다. 결국 서울에는 나와 세 동생만 남았고, 부산에는 서영하 사무국장과 서일하 교사만 남았다. 이때 나는 뼈에 사무치도록 아픈 경험을 하면서 '기업의 사명은 망하지 않는 것'이라는, 거부할 수 없는 진리를 깨달았다.

최고의 학습법을 발견하다

──────── 사업을 처음 시작할 당시엔 아는 것도 없고 경험도 부족해서 하루하루 일을 처리하는 데 급급했다. 하지만 사업의 틀이 서서히 잡혀가면서 주변을 돌아보게 되었고, 교육 사업에 대한 철학과 비전을 세울 수 있었다. 기업을 어떻게 이끌어갈 것인가에 대한 안목도 갖게 되었고, 사회적 이슈에도 관심을 갖게 되었다.

나는 임원들에게 '군중론(群衆論)'에 대해 자주 이야기한다. 일반적으로 군중은 단순하고 과장적이며 동조 심리가 강하다. 편협하고 보수적이며 독재적인 속성도 있다. 이런 군중에 속해 있으면 자신의 존재 가치나 개성, 특성을 잃어버리기 쉽다. 남들이 하는 것에 쉽게 동조하며 심리적 안정을 느끼게 된다. 지금 잘못된 길을 가더라도 여러 사람과 함께여서 불안하지 않으며 내가 정도(正道)를 걷고 있다는 착각에 빠질 수 있다. 반면 군중보다 앞서가는 사람은 심리적으로 큰 부담을 느낀다.

'혹시 내 판단이 잘못되지 않았는가?'

'지금 내가 제대로 가고 있는가?'

그렇지만 경영자라면 군중과 다른 눈으로 바라볼 수 있어야 한다. 미래를 직관적으로 판단할 수 있어야 한다. 어떤 위험이나 위기에 직면하더라도 지혜롭게 극복할 수 있는 대안을 가지고 움직여야 한다. 기존 시장뿐 아니라 새로운 시장이나 경쟁 상황에서 전략적으로 대처하고 리드해갈 수 있어야 한다.

나는 이런 경영전략을 위기를 겪으며 배웠다. 과외금지령이 발표된 이후 회원과 직원들을 떠나보냈지만 나는 결코 끝났다고 생각하지 않았다. 여전히 돌파구를 찾느라 고민하고 또 고민했다.

'정말로 방법이 없는 걸까? 회사를 살릴 수 있는 길이 분명히 있을 텐데……'

그러던 어느 날이었다. 섬광처럼 머릿속을 스치는 생각이 있었다.

'왜 진작 그 생각을 못했을까? 학부모들에게 교재를 가지러 오라고 할 게 아니라 우리가 직접 가져다주면 되는 것을!'

학부모들의 부담은 한결 줄어들 테고, 그러면 휴회도 줄어들 것이다. 교재를 가져다주고 그 자리에서 풀게 해 채점하면, 다 푼 교재를 가져오게 해 채점한 다음 다시 보내는 번거로움도 사라질 게 분명했다. 회원들이 한자리에 모이는 것도, 공부를 가르치는 것도 아니므로 과외는 아니다.

이토록 단순한 아이디어를 석 달간 밤낮으로 고민한 끝에야 떠올리다니, 어이가 없기까지 했다. 그만큼 고정관념은 견고하다. 그러한 상황에서 발상의 전환은 사고의 혁명에 가까운 것이었다.

당장 시스템을 바꾸었다. 처음부터 다시 시작하는 셈이었다. 교사한 명이 담당하는 지역이 너무 넓어 체력이 강한 남자 교사만 네 명을 뽑아 서울 시내를 네 구역으로 나눠 맡겼다. 버스를 타고 몇 안되는 회원들의 집을 일일이 찾아다녀야 했기에 결코 쉬운 일은 아니었다. 예를 들어 남산지역은 다음과 같은 동선이었다.

'압구정동 사무실→남산 외인주택(회원 1명)→한남동 운전면허시험장(회원 1명)→장충체육관 근처 이화약국(회원 1명)→이화약국 뒤편 양옥집(회원 1명)→대한극장 뒤 남산 꼭대기 집(회원 1명)→동대문시장 상가아파트(회원 3명)→3호 터널 근처 아파트(회원 5명)→후암동 은행장 사택(회원 1명)'.

몸도 고달팠지만 계속되는 적자로 더욱 힘들었다. 하지만 참아내야 했다.

다행히 반응이 좋았다. 과외가 금지되긴 했지만 학부모들의 마음속에는 '그래도 과외를 시켜야 할 텐데'라는 생각이 잠재되어 있었다. 더욱이 내가 시도한 방식은 좋은 대안이었기에 학생들이 다시하나둘 입회하기 시작했다. 과외금지조치 이후 과외가 근절되기는 커녕 불법 비밀과외가 생겨나면서 과외비 고액화를 초래하는 등 새로운 문제점들이 발생하고 있는 상황에서, 우리가 처음으로 시도한 일대일 방문교육 서비스는 큰 인기를 끌었다. 학부모와 회원 스스로 학습단계를 알 수 있도록 학습일정표도 만들었고, 기존의 주 2회 방문을 주 1회로 전환했다.

회원 수는 차츰 늘어났다. 1981년 말에는 3,200여 명까지 증가했고, 1982년 가을에는 5,000여 명에 이르렀다. 물론 아직 갈 길은 멀었다. 과외금지조치의 여파가 너무나 엄청났기에 이전의 성장세를 회복하려면 피나는 노력을 해야 했다. 그런 노력이 결실을 맺어 1983년 말에는 회원 수 1만 명을 돌파했다. 그 후로도 꾸준히 증가해 1985년에는 마침내 5만 명을 넘어섰다.

그 당시에는 무척 힘들었지만, 과외금지조치는 오늘날의 대교를 탄생케 한 일등공신인 셈이다. 지금 생각해보면 나는 블루마켓을 뚫었고, 학원 없이 가벼운 몸으로 스피드를 높였으니 발상의 전환이 위기를 기회로 바꿔놓은 셈이었다.

다시 한 번 돌이켜보면, 나는 군중보다 한 걸음, 아니 반걸음쯤 앞서왔던 것 같다. 학습지 사업을 처음 시작할 때 직면했던 어려움이나 위기에서 '나는 성공할 수 있다'는 자기암시가 없었다면, 그래서 '이건 어쩔 수 없지 않은가'라며 군중 속에서 순응했다면 과외금지령이 발표되었을 때 대교는 살아남기 힘들었을 것이다. 지금의 나도, 오늘의 대교도 찾아볼 수 없었을 것이다.

나의 선택을 믿고
뒤돌아보지 마라

1989년 무렵 국내 학습지 시장 규모는 3,000억 원대에 이르렀고, 80여 개가 넘는 학습지 업체가 시장에 진입해 있었다. 1990년 들어서도 국내 학습지 시장이 꾸준한 성장세를 보이고 대교 회원 수가 40만 명을 넘어서자, 일본 구몬 측에서 해외사업본부장이 찾아왔다. 그들은 우리가 그동안 자체적으로 수정·개발해 사용하고 있던 교재를 모두 구몬으로 바꾸고, 회사명과 브랜드도 '구몬'으로 교체해 로열티를 내라는 것이었다. 저작권료 문제와 결부해 합작회사를 세우자는 제안도 했다.

이것은 정말 말도 안 되는 소리였다. 그동안 우리는 교재뿐 아니라 오랜 고심과 우여곡절 끝에 우리 교육 상황에 맞는 학습 관리 모델을 새롭게 만들어 정착시켜왔다.

가정 방문식 수업은 내가 창안했지만 정말 효과적인 수업방식이다. 때로 그 가정에 불화가 있는지 또는 학생의 현재 심리상태가 어떠한지를 파악해, 그에 맞춰 학습을 진행할 수 있는 것이다. 학부모가 학습 참관을 할 수도 있다. 이는 세계적으로도 유례가 없는 방식이었다. 그러했기에 너도나도 이 방식을 따라 교육 사업을 펼치고 있는데, 현재 방문식 수업을 받는 학생 수는 1,000만 명에 육박한다. 구몬 역시 이 방식으로 국내에서 사업을 진행하고 있다.

게다가 이미 1982년에 일본으로 건너가 구몬 측과 로열티 문제를 합의하고 돌아온 터였다. 그런데도 잊을 만하면 한 번씩 그런 요구를 해왔다.

나는 아무것도 들어줄 수 없었다. 세 명의 아이로 시작해 수십만 명의 회원을 만들기까지, 15년간 지켜온 이름을 버릴 수는 없었다. 그러자 구몬 측은 소송을 제기했다.

'공문수학' 상표는 1985년에 등록했다. 그런데 구몬 측은 1983년에 국내 상표 등록을 한 상태였다. 한국 법체계로는 먼저 등록한 쪽이 기득권을 갖게 되어 있어서 법정으로 간다면 승산이 없었다. 게다가 최소 3년이 걸리는, 길고 지루한 싸움을 벌이며 회사 역량을 소모해야 했다. 냉철한 결정을 내려야 했다.

패소하면 더 이상 '공문'이라는 상표를 쓸 수 없게 된다. 어떻게 지켜온 이름인가. 창립 이후 줄곧 업계 1위를 지켜온 '공문수학'의 브랜드 가치는 돈으로 환산할 수 없는, 우리의 가장 큰 자산이었다.

그렇지만 승자로서의 모습뿐 아니라 패자가 되었을 경우도 생각해야 했다. 공문수학이라는 이름을 잃게 될지 모른다는 상상만으로도 두려웠다.

백 번 양보하여 수학 교재는 '구몬수학'으로 브랜드명을 바꾼다 해도, 당시 학습지 업계 최초로 개발 중이던 우리말 교재에는 도저히 '구몬국어'라는 이름을 붙일 수 없었다. 국어 교재에 일본어 이름이라니, 어불성설이 아닌가.

나의 고민은 깊어만 갔다. 그러나 어떤 식으로든 결단을 내려야 했다.

1991년, 결국 나는 독자 브랜드를 만들기로 결정했다. 창립 초기부터 맺어온 구몬 도루 회장과의 인연도 거기까지가 전부인 모양이었다. 머릿속으로 지난 일들이 주마등처럼 스치면서 복잡한 감회에 젖어들었다. 브랜드명 교체는 자칫 모든 것을 잃을 수도 있는 엄청난 모험이었다. 나는 주먹을 불끈 쥐었다.

"그래, 또다시 시작이다."

1991년은 창립 15주년이 되는 해였다. 이를 기점으로 대내외적으로 새로운 기업 비전을 제시하고 적극적으로 대응해간다면 충분히 승산이 있어 보였다. 먼저 최고경영자로서 7월 9일 창립기념일을 기해 장기 구상을 발표했다. 1991년에는 기업 이미지를 혁신하고, 1996년에는 기업을 공개하며, 2001년에는 국내 일류 기업이 된다. 2006년에는 세계적인 교육문화기업이 될 것이라는 경영 구상을 선포했다.

나날이 교육 시장을 개방하라는 요구가 높아지고, 국내외의 경쟁이 치열해짐에 따라 지난 15년간의 경험과 노하우를 바탕으로 국내뿐 아니라 세계적으로도 경쟁력 있는 브랜드를 키워야 한다고 생각했다.

그때 독자적인 행보를 결단하지 못했다면, 아마 지금까지도 구몬수학 측에 끌려다니며 대교의 독립성을 확보하지 못했을 것이다.

경영이란 본래 위험 요소를 안고 있는 아슬아슬한 도전이다. 경영자는 가(可)인지 부(不)인지를 결정해야 하고, 이쪽 길과 저쪽 길을 앞에 두고 어느 길로 갈 것인지를 결단해야 한다. 결과가 불안하고 책임이 두렵다고 방치하거나 다른 사람에게 위탁할 수 없기에 경영자는 때로 몹시 외롭다.

경영자로서 나는 오늘도 회사 직원들과 그 가족을 생각하며 크고 작은 결정을 내린다. 모두의 안위를 위해 내가 더 큰 방패막이가 되고 더 정확한 조타수가 되어야 한다는 각오를 마음속으로 다지며.

확신이 있으면 실행하라

───── "눈높이요? 귀에 설은 말이라 소비자들에게 효과적으로 각인될 수 있을지 걱정입니다."

"아무리 생각해도 어색합니다. 회사명을 따서 무난하게 '대교수학'으로 가지요."

"소비자들의 귀에 익숙해질 때까지 '대교수학'과 '눈높이수학'을 함께 사용하면 어떻겠습니까?"

새로운 브랜드명을 결정하는 임원회의에서 대다수가 '눈높이'보다는 '대교수학'을 더 선호했다. 당시 각 기업들의 제품은 대부분 기업명을 브랜드로 사용하고 있었다.

하지만 난 생각이 달랐다. '눈높이'는 순수한 우리말로, 누구나 쉽게 읽을 수 있는데다 그 의미를 단번에 알 수 있기 때문에 우리나라 사람들의 정서에 맞는 참신성을 지녔다고 판단했다. 또한 우리 제품의 특장인 '개인별 · 능력별'로 공부하게 한다는 취지와 방법이 눈높이라는 단어로 훌륭하게 표현될 수 있었다. 당시 회사에서 시행하고 있던 산수수학 올림피아드에 참가한 학생들을 대상으로 한 브랜드명 설문조사에서도 응답자 중 약 80퍼센트가 '대교수학'보다는 '눈높이수학'이 더 친근하고 부르기 좋다고 응답했다.

'눈높이'라는 말은 1990년에 우리 회사에서 처음 나와 회자되기 시작했다. 1990년 회사에서는 텔레비전이나 신문을 이용한 대대적인 광고계획을 세웠다. 일부 경쟁사들이 텔레비전이나 신문을 통해 광고를 집중하여 경쟁을 자극했기 때문이다.

광고대행사에서 준비해온 시안들은 '학교 성적이 올라간다', '학습 효과가 뛰어나다' 등 아이들의 성적과 학습 효과에 중점을 둔 것이었다. 나는 고개를 저었다. 교육기업이라면 어디나 '우리 제품으로 공부하면 성적이 쑥쑥 올라간다'며 광고하고 싶어할 것이다. 그러나 그것은 엄밀히 보면 거짓말이다. 공부란 일정 시간 동안 꾸준히 노력해야 좋은 결과를 얻는 것이지 한두 시간 벼락치기를 해서 되는 것이 아니다. 그렇게 만들어줄 수 있는 교재는 이 세상 어디에도 없다. 우리의 이야기, 우리의 교육철학이나 신념 등을 소비자들에게 진솔하게 전달하는 것이 더 중요하다고 생각했다.

그즈음 마지막으로 나온 시안이 스미스소니언 박물관의 '키를 낮춘 선생님' 광고였다. 실화를 바탕으로 한 이 광고 시안을 처음 보는 순간 나는 '아, 바로 이거다' 싶었다. 그것은 평소 내가 생각해온 공문수학의 어린이 교습법과 정확히 일치했다. 소박하게, 그러나 감동적으로 대교의 교육철학을 전달하고 있었다.

그렇게 창의력과 아이디어는 어느 날 갑자기 튀어나오는 게 아니라 일상에서 차곡차곡 쌓인 경험과 생각의 파일 속에 숨어 있다가 필요한 순간 반짝하고 떠오르는 것이다.

당시의 텔레비전 광고를 지면으로 보여줄 수는 없지만, 아쉬운 대로 신문광고 카피를 옮겨보면 다음과 같다.

미국 문화의 심장부, 스미스소니언 박물관을 아십니까? 150년 역사와 국보급에 가까운 예술품으로 가히 세계적인 박물관으로 손꼽히는 스미스소니언 박물관.

이곳에서 하루는 이런 일이 있었습니다. 관람객 중에 그림 앞에만 가면 키를 낮추고 그림을 올려다보는 키 큰 중년 신사 한 분이 있었습니다. 주변의 관람객들이 그의 그림 감상법을 이상히 여겨 그 까닭을 물어보자 그는 이렇게 대답했습니다.

"저는 초등학교 선생님인데 내일 학생들과 함께 이 박물관에서 현장 수업을 하기로 했습니다. 그래서 아이들의 눈높이에서 그림을 보면 어떻게 보일 것인가를 알아보기 위하여 아이들의 눈높이에서 그림을 보는 중입니다. 그래야만 학생들에게 그림을 제대로 설명할 수 있기 때문이지요."

어린이 눈에 보이는 그림을 이해하기 위하여 하루 전날 어린이와 눈높이를 맞춰보는 선생님! 이것은 바로 (주)대교의 교육철학이자 기업철학인 것입니다. 어른들의 규범과 사고를 강요하기보다는 어린이의 세계를 존중하고 어린이의 꿈을 소중히 여기는 교육문화기업, (주)대교. (주)대교의 눈높이는 바로 어린이의 눈높이 그것입니다.

1990년 7월부터 신문을 중심으로 '공문수학의 눈높이 학습'이라는 내용으로 광고를 했다. 그 광고를 본 주변 사람들의 반응은 대체로 이러했다.

"학습지에서 무슨 교육철학이냐?"

"교육철학은 학자들의 연구와 논문 등으로 규명되는 것이지 학습지를 판매하는 사교육기업에서 무슨 교육철학이냐?"

"눈높이 학습이 뭐냐? 눈을 맞춰서 어떻게 하라고."

학교나 학술 연구 발표회장도 아닌 일반 기업에서 교육철학을 언급하니 한마디로 생뚱맞다고 생각한 것이다. 그러나 눈높이 학습법은 바로 내가 생각하는 교육철학인 만큼 누가 어떤 말을 하더라도 자신이 있었다.

세계적으로 유명한 교육철학자들의 교육철학에도 눈높이 교육 정신이 담겨 있다.

루소는 『에밀』에서 '교육은 어린이 스스로 학습에 참여하게 하여 스스로 진리를 발견하도록 해야 한다. 어린이에게서 어른을 구해서는 안 된다'고 했다. 외부에서 주입하는 것이 아니라 어린이 스스로 학습에 참여하도록 하는 것이 진정한 교육이라는 말이다.

피아제는 '어린이는 어른과 다른 정신구조를 가지고 있다. 그렇기에 우리 인간들은 그 지적 발달단계에 따라 적절한 교육이 필요하다. 교육자들이 어린이를 잘 이해하기 위해서는 먼저 어린이의 행동을 자세히 이해해야 한다. 어린이들이 어떤 생각을 하고 있는가를 먼저 알아야 한다'고 했다.

실제적 교육실천가로 알려진 페스탈로치는 사범학교를 세워 20여 년간 운영했다. 그러면서 어린이 교육은 '장년의 표준을 아동에게 강요할 것이 아니라 아동의 내적 발전에 치중해야 한다'며 아동 중심(愛) 교육관을 펼쳤다.

우리나라에서도 소파 방정환, 윤극영 선생님 등이 주축이 되어 5월 1일을 어린이날로 제정하고 「소년운동의 선언」을 발표했다.

'어린이를 내려다보지 마시고 쳐다보아주시오.'

눈높이 교육은 국내외적으로 이러한 교육 이론과 방법을 배경으로 하고 있다. 어린이 눈높이에 맞춘다고 무조건 낮게만 생각해서는 안 된다. 눈높이 교육의 목표는 먼저 어린이 개개인의 지적 · 정서적 발달단계에 따라 적절한 프로그램과 학습 방법을 제공하고, 그들의 눈높이에 맞춰 능력을 최대한 계발, 전인교육을 실현하는 데 있다. 곰곰이 생각해보면 옛 성인들도 제자나 대중과 눈높이를 맞추며 교육했다는 것을 알 수 있다. 부처님도 상대에 맞춰 다양한 설법을 했고, 공자도 제자들이 제 눈높이에서 했던 각기 다른 말을 다 맞다고 하지 않았는가.

이와 같이 '눈높이'는 단어 자체에 교육철학을 함축하고 있었다. 따라서 브랜드를 새롭게 내세우고 그에 따른 교육 이론이나 철학을 달리 설명할 필요가 없었다. '맥도날드' 하면 햄버거와 함께 금빛 M자 로고가 떠오르는 것처럼, 연상 이미지가 바로 떠오르는 것이 좋은 브랜드명이라고 생각했다.

"'눈높이'로 합시다. 이보다 더 좋은 이름은 없습니다."

임원들의 숱한 우려와 반대에도 불구하고 나는 용단을 내렸다. '눈높이'가 대교의 새로운 이름으로 탄생하는 순간이었다. 나에게나 대교에나 '역사적인 순간'이었다.

변화의 바람을 불러일으켜라

———— 브랜드를 눈높이로 바꾸고 난 뒤 일어난 변화는 놀라웠다. 처음에는 '눈높이'가 이렇게 널리 쓰일 줄 아무도 예상치 못했다. 눈높이 경영, 눈높이 정치, 눈높이 행정, 눈높이 서비스…….

애초 국어사전에도 나오지 않던 '눈높이'라는 말이 이제 상대방을 먼저 생각하고 그 입장을 헤아려 행한다는 의미의 보통명사로 널리 쓰이기에 이르렀다.

각 신문과 방송 이곳저곳, 많은 사람들에게 '눈높이'가 회자되면서 눈높이는 널리 사랑받는 브랜드가 되었다. 당시 내가 아는 사람들은 나를 만나면 제일 먼저 '눈높이'를 화제로 떠올리며 말을 건넸다. 브랜드 하나의 효과가 그렇게도 컸다.

지금 생각해보면, 공문에서 눈높이로의 브랜드 변화는 '공급자 중심'의 경영을 '소비자 중심' 경영으로 바꾸겠다는 의지를 대내외에 표명한 것이었다. 눈높이라는 브랜드명은 바로 소비자 관점, 소비자 중심에서 출발하고 있었다. 눈높이 로고 역시 그랬다. '눈(目)과 눈썹'을 형상화했는데, 로고를 보는 사람은 강하고도 정감 있는 이미지 때문에 쉽게 기억했다. 로고 역시 우리의 주 고객인 어린이에 맞춘 것이었다.

시장에는 각 분야에서 하루에도 수십 개씩 새로운 브랜드가 쏟아진다고 한다. 과연 그 브랜드를 우리는 얼마나 기억하며, 시장에서 살아남는 브랜드는 얼마나 될 것인가? 시장에서 제대로 신고식도 치르지 못하고 사라지는 브랜드는 또 얼마나 많은가. 사람들에게 널리 알려진 브랜드도 얼마 지나지 않아 잊어지는 경우가 많다.

이러한 여건에서 브랜드명을 바꾼 것은 회사의 운명을 건 결단이었다. 대대적인 광고와 홍보 및 캠페인이 막대한 비용만 들인 채 그 효과가 미미했다면, 대교의 존립이 위태로울 수도 있었다. 어려움 앞에서 나약해지지 않고 적극적으로 극복하고 나면, 그 어려움은 오히려 도약의 디딤판이 된다는 사실을 나는 다시 한 번 실감했다.

브랜드를 눈높이로 바꾼 직후부터 나는 교육연구소에 '눈높이 교육 이론'을 재정립하도록 했다. 눈높이를 우리 생활 속에 살아 있는 이론, 교육 현장에서 직접 활용할 수 있는 철학으로 만들어가라고 주문했다.

홍보팀에서는 스미스소니언 박물관에서처럼 눈높이에 맞춘 전시회를 열었다. 해외 유명 작가들의 작품(Art Poster)을 모아 '눈높이 명화전'을 마련한 것인데, 어린이 눈높이에 정확히 맞추기 위해 작품들을 벽에 걸지 않고 이젤에 얹어 전시했다.

어린이를 위한, 어린이 눈높이에 맞춘 전시회.

대도시를 중심으로 전국 순회 전시를 했는데, 그 효과가 매우 컸다. 눈높이의 의미를 체험으로 쉽게 이해할 수 있게 되었다는 반응이 많았다. 전시장을 찾은 어린이들은 자신이 존중받는 느낌을 받아 기분이 좋다고 했다.

그 외에 우리는 눈높이 사랑과 눈높이 교육을 실천해나가겠다는 의지를 담아 '눈높이 사랑' 카세트테이프를 제작, 회원들에게 배포했다. SBS TV와는 눈높이 사랑, 눈높이 교육 캠페인을 1년여에 걸쳐 진행했다. 가정교육이 건강하고 바르게 이루어질 때 건강한 인간이 될 수 있고, 건강한 사회를 이루는 밑거름이 된다는 내용으로 어린이에게 일어날 수 있는 일상생활 속에서의 사례를 제시했다. 1992년에는 일선 공교육 현장에서 노고가 많은 선생님들을 기리자는 뜻에서 '눈높이 교육상'을 제정하여 지금까지 시행해오고 있다.

내부적으로는 어린이 교육에 최선을 다하겠다는 「눈높이 선생님의 다짐」을 만들어 공표했다. 눈높이 이념을 명확히 이해하고, 이를 교육 현장에서 올곧게 실천해나가겠다는 의지의 표명이었다.

나는 눈높이 선생님으로서 자라나는 2세를 위해서 기꺼이 자신의 키를 낮추는 자세로 열과 성을 다해 눈높이 사랑 · 눈높이 교육을 실천해나가겠습니다.

1. 나는 어린이의 눈높이에서 생각하고 행동하겠습니다.

2. 나는 지식을 전하기에 앞서 사랑과 용기를 가르치겠습니다.

3. 나는 끊임없는 연구와 자기계발로 훌륭한 교육 전문가가 되겠습니다.

4. 나는 회원을 위해 눈높이 학습 지도에 최선을 다하겠습니다.

미술관의 눈높이 선생님 광고에 이어 우리의 이 다짐도 외부로 나가자 학부모가 아닌 사람들도 잔잔한 감동을 받았다고 한다. 눈높이 선생님 광고는 시리즈로 제작되었다. 눈높이 학습의 또 하나의 비결은 '눈높이 선생님'이라는 주제였는데, 그 가운데 '200일의 눈높이 교육'과 '눈높이 대학원' 광고는 실제 눈높이 교사 세 명이 모델이 되어 화제를 불러일으키기도 했다.

텔레비전 광고를 비롯해 눈높이의 모든 광고는 현란한 그림과 거창한 문구 대신 소박하지만 진솔한 내용으로 소비자의 마음을 파고들었다. 단순히 제품을 선전한 것이 아니라 철학과 신념을 전달했기 때문일까. 눈높이 광고들은 상복도 많았다.

'키를 낮춘 선생님'은 1991년 9월 30일 중앙일보사가 주최한 제27회 중앙광고대상에서 소비자 인기상을 수상했다. 한국광고단체연합회가 주최한 한국광고대회에서는 광고 캠페인 성공 사례로 채택되어 1만 2,000여 명의 광고인 앞에서 주제 발표회를 하기도 했다. 1992년 10월에는 한국일보사가 주최한 한국광고대상 마케팅 부문을 수상했으며, 1995년 3월에는 '여섯 살 공부 버릇, 눈높이 공부 습관'이 소비자가 뽑은 좋은 광고상에 선정되었다. 그해 9월에는 중앙광고대상에서 출판 부문 우수상을 수상하기도 했다.

브랜드명이 큰 호응을 얻으면서 회원이 급격히 증가해 1993년 6월 28일에는 마침내 눈높이 교육 100만 회원 시대를 열게 되었다. 회원 10만 명을 돌파했다고 감격했던 때가 1987년의 일이었다. 불과 6년 만에 열 배로 성장한 것이다.

그러한 성과는 브랜드명 교체와 광고·홍보 전략이 적중하기도 했지만, 끊임없는 교재 개발과 조직 구성원들의 노력이 축적되어왔기에 가능했다. 특히 현장에서 뛰는 눈높이 교사들이 눈높이 철학을 제대로 실천해나가지 않았다면 불가능한 일이었다.

'눈높이'가 대교의 가장 중요한 무형자산이라면, 눈높이 선생님들은 대교에서 가장 소중한 유형자산이다.

남이 아닌 나를 이기는 것

───── 나는 늘 아이들에게 어떻게 하면 더 좋은 교재를 만들어 제대로 배움을 전달할 수 있을지 고민하기 때문에 아이들 용품에도 관심이 많은 편이다. 최근에는 고리에 손가락을 넣으면 젓가락질이 교육되는 발명품인 '에디슨 젓가락'을 보게 되었다.

보는 순간 굉장히 창의적인 발명품이라고 생각했다. 그도 그럴 것이 우리나라의 보통 가정에서는 젓가락질이 곧 가정교육 수준을 가늠하기 때문이다. 그래서 굉장히 수요가 많을 것이라고 생각했다. 더구나 이 회사에서는 손 근육 운동이 아이의 지능을 발달시켜주기 때문에 어릴 때부터 젓가락질을 가르치는 게 매우 중요하다고 강조했다.

문득 나는 고민에 빠졌다.

'이 생각을 교육에 대입해보면 어떨까?'

교육의 본질은 주입식이 아니라 스스로 생각하게 만들어 보다 깊은 배움의 순간을 느끼도록 하는 것이다. 하지만 세상의 교육은 대부분 어떤 틀에 맞춰 비슷한 아이들로 키우고 있다. 때문에 예전보다 아이들이 빠르게 어른 흉내를 내지만, 말 그대로 흉내에 머물 뿐이다. 두뇌는 전혀 발달되지 않았기 때문이다.

교육도 남의 도움에 의지해서만 되는 게 아니다. 가장 중요한 것은 나 자신이다. 가장 무서운 적인 자신을 이길 수 있어야 배움을 얻을 수 있기 때문이다. 그런 정신은 아이들을 가르치는 교사가 먼저 가져야 한다. 교사가 그런 마인드를 갖고 있어야 교육을 통해 아이들에게 자연스럽게 전달될 수 있기 때문이다.

더구나 배움이란 '남을 이기는 게 아니라 나를 이기는 것'이라는 나의 신념은 과외금지조치로 인한 위기를 극복하는 과정에서 더욱 강해져 있는 상태였다. 이는 자연스럽게 교사 모집까지 영향을 미쳤다. 이전보다 체계적으로, 좀 더 까다롭게 교사를 모집하기 시작했다. 나는 교육자로서의 자질은 물론이고 실력을 갖추고 있으면서 자기 자신을 이겨낼 수 있는, 정신력이 강한 선생님을 뽑고 싶었다. 그게 아이들을 위한 길이기 때문이었다.

그래서 매년 네 차례에 걸쳐 뽑은 직원들은 모두 연수과정을 거치게 했다. 용인에 있는 흥국생명 연수원을 빌려 체계적인 교육을 실시했다. 15박 16일간의 짧지 않은 연수 일정은 '한마음 훈련'이라는 극기훈련으로 마무리되곤 했다. 나를 비롯한 임원 모두가 '한마음 훈련'을 마무리하는 자리에 반드시 참석했는데, 어느 해에는 가슴이 철렁 내려앉는 사건이 일어나기도 했다.

연수기간 내내 날이 맑더니 하필 마지막 날 비가 내리기 시작했다. 하지만 '한마음 훈련'은 극기훈련이 아닌가. 조금 걱정되긴 했지만 훈련을 취소할 정도로 비가 많이 내리지는 않았다.

더구나 신입사원 연수를 담당하는 연수과에서 안전사고에 대비해 늘 철저한 준비를 하고 있었다. 40킬로미터의 야간행군 코스를 전부 답사하고, 각 구간마다 깃발을 꽂아 길을 잃지 않도록 했다. 출발 한 시간 후에는 사람들이 어느 지점에 있을 것이고, 그 다음 한 시간 후에는 또 어디에 있을지 손바닥 들여다보듯 훤히 꿰고 있었다. 비가 내려 걷기 힘들긴 하겠지만 사고가 일어나지는 않을 거라고 생각했다.

저녁 7시, 연수원 운동장에 모두 모였다.

"비가 옵니다. 할 수 있겠습니까?"

지금은 대교 눈높이 사업 부문의 대표이사를 맡고 있는, 당시 박명규 연수과장의 물음에 비옷을 입은 신입사원들이 힘차게 대답했다.

"예, 할 수 있습니다!"

"정말입니까?"

"예, 그렇습니다!"

"그럼, 건투를 빕니다. 파이팅!"

"파이팅!"

나도 주먹을 불끈 쥐어 들어 보이며 신입사원들을 격려했다. 그런데 신입사원들이 출발한 지 얼마 지나지 않아 빗방울이 굵어지더니 폭우로 변했다. 쏟아지는 빗줄기를 뚫고 40킬로미터를 행군할 신입사원들을 생각하니 마음이 편치 않았다. 하지만 새벽에 돌아올 신입사원들을 맞이하려면 잠깐이라도 눈을 붙여야 했다.

그러고 나서 새벽에 일어났는데, 그때까지도 비가 쏟아지고 있었다. 임원들과 함께 1층으로 내려가 신입사원들을 맞을 준비를 했다. 새벽 4시가 지나면서 하나둘씩 팀별로 돌아오기 시작했다. 다들 무사히 돌아온 것 같았다. 그런데 확인 결과 한 팀이 아직 돌아오지 않았다.

"저희가 찾아보겠습니다."

박명규 과장과 정금조 차장이 하얗게 질린 채 승용차를 몰고 나갔다. 행군 코스를 자기 집처럼 훤히 알고 있는 두 사람이 출동했으니 걱정하지 않아도 될 것 같았다. 하지만 어찌된 영문인지 그 둘마저 돌아오지 않았다.

그렇게 얼마나 기다렸을까. 온몸이 진흙투성이가 된 박명규 과장이 숨을 헐떡이며 돌아왔다. 그는 빗물을 뚝뚝 흘리며 떨리는 목소리로 말했다.

"아직 못 찾았습니다. 차가 진흙길에 빠져 오도 가도 못하다가 정 차장님은 차에 남아 있고, 대책을 마련하기 위해 저만 이렇게 달려

왔습니다."

차를 빼내려다 온몸에 진흙을 뒤집어쓴 모양이었다. 안 봐도 눈에 선했다.

"이 친구야, 경운기를 빌려 차를 꺼내면 되지. 그렇게 간단한 걸 해결 못하나."

박명규 과장에 대한 안쓰러운 마음, 돌아오지 않은 신입사원들에 대한 걱정이 섞여 말이 퉁명스럽게 나왔다. 박명규 과장의 눈에서 눈물이 왈칵 돌았다.

결국 인근 농가에서 경운기를 빌려 차를 끄집어냈지만, 사라진 신입사원들은 찾을 수가 없었다. 다들 초조와 불안과 염려 속에 아침을 맞았다. 어느새 오전 10시를 넘어서고 있었다. '경찰에 신고해야하는 게 아닐까' 라는 생각을 하고 있을 때였다. 저만치 그들의 모습이 보였다. 드디어 돌아온 것이었다. 그때의 반갑고 기쁜 마음을 어찌 다 말로 표현할 수 있을까. 열다섯 시간 동안 빗속을 헤매다 돌아온 그들의 몰골은 말이 아니었다. 내가 물었다.

"어떻게 된 일입니까?"

"길을 잃었습니다. 비가 와 둑이 무너지는 바람에……."

사실 그들이 무슨 말을 하는지, 나는 그 이유엔 관심이 없었다. 어쨌든 큰 탈 없이 돌아왔으니 얼마나 고마운지 몰랐다.

모든 연수가 그렇지는 않지만, 그렇게 힘든 연수과정을 거쳐 신입사원들은 체력도 정신력도 강인한 교사로 다시 태어났다. 그리고 그들은 아이들 스스로 배움의 자세를 갖추는 데 도움을 주었다. 결국 교사와 아이들의 정신력이 모여 지금의 대교를 만드는 힘이 된 것이다.

배움을 위해서는 나를 이길 수 있는 강인함을 가져야 한다. 그런데 스스로 강인함을 가지려면 그만큼 고통을 견뎌낸 경험이 필요하다. 이제 막 걷기 시작하는 아이를 봐도 알 수 있다. 누구도 아이에게 걷는 법을 알려주지 않는다. 아니, 알려준다 해도 아이가 그 법칙에 따라 걷는 법을 배우진 않는다. 아이가 걷기 시작하며 넘어질 때 스스로 보호하는 법을 터득한 것 역시 수차례 넘어져본 쓰라린 경험 덕분이다.

우리는 경험에서 넘어지지 않는 법을 배우고, 걷는 법을 배운다. 그렇게 배움은 스스로 얻는 것이다. 그래서 더 많은 힘을 발휘할 수 있다. 남이 준 도움은 그 힘이 오래가지 않고 사람을 나약하게 만들지만, 스스로 돕는 것은 강력한 힘이 되기 때문이다.

하나에 집중하라

누군가 내게 이런 고민을 털어놓은 적이 있다. 그가 말하길 자신은 회사에서 매일 야근을 하면서 굉장히 많은 노력을 해서 멋진 기획을 몇 개 생각해냈고, 그것들을 현실화하기 위해 끊임없이 노력했지만 결국 인사고과 평가에서 좋은 점수를 받지 못했다는 것이다.

나는 그에게 이렇게 물어보았다.

"당신이 이룬 일은 무엇입니까?"

그는 아무런 대답도 못했다. 그는 너무 많은 일을 단번에 하려 했던 것이다. 그래서 어느 것 하나도 제대로 마무리하지 못했고, 성과를 내지 못했다. 그에게 필요한 말은 바로 이것이다.

'차근차근, 하나부터.'

어느 날 누군가 세계적인 과학자인 뉴턴에게 이렇게 물었다.

"당신은 어떻게 만유인력의 법칙을 발견할 수 있었습니까?"

그러자 뉴턴은 별것 아니라는 표정으로 대답했다.

"당신도 가능합니다. 아니, 누구라도 가능해요. 날마다 그것에 대해서만 생각한다면 누구라도 발견할 수 있습니다."

우리의 문제는 바로 거기에 있는 것이다. 이걸 배우고, 이게 아니다 싶어 다른 걸 배우고, 다시 처음으로 돌아가는 과정이 반복되어 결국 하나도 배우지 못한다. 제대로 배우고 싶은 것 하나를 선택하지 못하는 것이다.

학습지 사업을 시작할 때 나는 꽤 많은 시간 동안 온 정성을 다해 직접 교재를 만들었다. 때문에 내가 만든 교재는 대부분 큰 인기를 끌었고, 학부모들의 사랑을 받았다.

처음에 나는 이런 생각을 했다.

'빨리빨리 교재를 만들어 돈을 버는 게 낫지 않을까?'

하지만 나는 곧바로 고개를 저었다. 당장은 힘들겠지만 그렇게 돈을 벌고 싶지는 않았다. 그 후 '좀 더 쉽게 회사를 운영하는 방법은 없을까?' 한참을 고민했다.

지금 생각해보면 그런 내 모습이 너무나 한심해 보일 뿐이다. 하나를 잡고 꾸준하게 몰입해야 비로소 명품이 나올 수 있다는 뉴턴의 말처럼, 그저 눈앞의 돈을 벌기 위해 기계를 찍어내듯 학습지를 만드는 것은 옳은 일이 아니었기 때문이다. 또한 그것은 무엇보다 정직을 가장 먼저 생각하는 내 경영철학과도 맞지 않았다.

그 후 나는 사업을 하면서 하나에만 전념하는 기업이 오랫동안 지속적인 발전을 이룰 수 있음을 느꼈다. 또한 더 많은 시간을 투자해 연구·개발한 학습지가 결국엔 고객의 선택을 받는다는 것을 알 수 있었다.

그 경험을 통해 나는 '인생의 진정한 힘은 속도가 아니라 어디에 얼마만큼의 시간을 집중하느냐에서 나온다는 것'을 배울 수 있었다.

교육이라는 아버지

엘리자베스 여왕은 1558년, 그녀의 나이 겨우 스물다섯 살에 왕위에 올랐다. 그녀가 왕이 되었다는 것은 이제 편안하게 살 수 있다는 의미가 아니었다. 그것은 내가 스물다섯 살에 아버지를 여의고 세상을 혼자 헤쳐나가야 한다는 의미와 같은 것이다.

엘리자베스 여왕이 즉위한 뒤, 의회에서는 여왕에게 여러 차례 결혼을 권고했다. 하지만 모두 알다시피, 그녀는 죽는 날까지 결혼을 하지 않았다. 그녀는 자신의 결혼보다 영국의 이익을 먼저 생각했기에 평생 결혼하지 않고 혼자 살았다. 그녀는 의회에서 거듭 결혼을 재촉하자 결혼반지를 낀 손을 들어 보이며 모든 의원에게 이렇게 말했다.

"나는 이미 '영국'이라는 남편을 섬기고 있소."

엘리자베스 여왕은 어이없는 이유로 감금되고 형장의 이슬로 사라질 뻔한 위기를 넘기는 등 숱한 고초를 겪으며 초년기를 보냈다. 하지만 그 정도의 고초는 전초전에 불과했다. 왕이 되면서 그녀는 더 큰 시련을 겪게 된다.

그녀가 왕위에 오른 시기의 영국은 이미 황폐해질 대로 황폐해진 별 볼일 없는 나라 중 하나였다. 당시 영국의 인구는 350만 명에 불과했다. 그리고 국내외에서 온갖 갈등이 끊이지 않았다. 신교도와 구교도의 대립을 비롯해 스페인의 전쟁 도발 위협에 한시도 마음을 놓을 수 없었다.

이런 상황이니 경제도 제대로 돌아갈 리 없었다. 국민들은 가난에 허덕였고, 국고에는 30만 파운드밖에 남아 있지 않았다. 모든 것이 최악의 상황이었다. 게다가 엘리자베스 여왕은 고작 스물다섯 살이었다.

결국 그녀는 자신의 행복을 포기하고 영국의 행복을 위해 평생 독신으로 살아가는 삶을 선택한다. 그것이 자신을 위하는 길이자 영국의 평안을 위하는 길이라고 생각한 것이다. 나는 그녀의 삶을 마음속 깊이 공감한다. 나 역시 그녀가 왕이 된 나이에 아버지를 잃었고, 미래에 대한 두려움과 막막함에 하루하루를 살기가 쉽지 않았다.

온통 위기뿐인 영국을 재건하기 위해 그녀는 얼마나 많은 것을 포기하고 참아내고 노력해야 했을까. 하지만 그녀가 이 모든 고난을 이기게 만든 것은 '영국'이라는 남편을 섬기고 있다는 그 마음이었다.

나는 처음부터 교육에 큰 뜻을 품고 사업을 시작하진 않았다. 하지만 교육 사업을 하면서 우리가 어떤 방향으로 나아가야 하고, 아이들은 어떤 교육을 통해 어떤 꿈을 가지고 올바른 어른으로 성장해야 하는지를 끊임없이 연구하고 고민했다. 그러다 보니 자연스레 나에게도 고난으로부터 나를 지킬 수 있는 문장이 하나 생겨나게 되었다. 그것은 바로 '내게는 교육이라는 아버지가 있다'는 말이다.

이 시대를 살아가는 아이들에게 좀 더 나은 교육방식을 제공하기 위해 나는 '내게는 교육이라는 아버지가 있다'는 문장을 떠올리며 힘든 순간을 이겨냈다. 나는 개인의 이득을 취하기보다는 아이들에게 좀 더 나은 교육 시스템과 교재를 만들어주고 싶다는 일념으로 살아왔다. 아마 나를 위해 기업을 경영했다면 지금처럼 이렇게 모든 것을 바치지 못했을 것이다. 교육이란 나의 아버지와 같다는 일념이 지금의 대교를 만들었고, 결국 35년 이상 대교를 지켜올 수 있는 힘을 주었다.

나는 우리나라의 교육이, 나아가 전 세계 아이들의 교육체계가 지금보다 발전하기를 소망한다. 그 바람이 지금의 나를 만들었고, 대교가 발전하는 데 큰 힘이 되었다. 세계 교육의 중심에 내가 서 있고 싶다. 그것이 교육을 향한 나의 욕심이다.

관계와 소통

세상의 중심은
'사람'이다

모두가 주인이다

──────── 1993년, 대전교육원에서 우리사주조합 창립총회가 열렸다. 대의원이 참석해 조합규약을 마련하고, 이사와 감사를 선출했다. 창립총회가 끝난 뒤 열린 이사회에서는 조합장 선임과 조합비 책정, 주식 배분과 대여금 상환 방법 등을 결정하고 회사와 약정서를 체결했다. 드디어 종업원지주제의 꿈이 실현된 것이다.

한국공문수학연구회의 사훈은 '스스로 주인이 되자'였다. 주인의식 없이 일하는 사람은 혼이 없는 마네킹과 같다. 열정도 의지도 없이 쇼윈도 안에 서 있기만 할 뿐 적극적이고 능동적으로 발전을 도모하지 않는다. 내가 주인이라고 생각할 때 비로소 모든 일은 제대로 굴러가기 시작하고, 설령 실패한다 해도 다시 일어설 수 있다.

그런데 법인으로 전환하고 나자 '스스로 주인이 되자'는 사훈은 공허한 구호가 되어버렸다. 법인에서 주인은 누구인가. 주주다. 주식 한 주도 갖고 있지 않은 상태에서 '주인이 된다', '주인의식을 갖는다'는 것은 말도 안 되는 소리였다. 나는 직원들을 명실상부한 대교의 주인으로 만들고 싶었다. 나는 정당한 보상을 통해 직원들의 공로를 인정하고 싶었다.

나는 직원들의 장래를 어둡게 하는 무책임한 경영자가 되지 않기 위해 매순간 노력해왔다. 아무리 훌륭한 사상과 좋은 생각을 갖고 있다 해도 생계가 해결되지 않는다면 모든 게 공염불에 지나지 않는다. 나는 직원들이 '내가 주인이다'라는 생각을 갖고 혼신의 힘을 다해주길 원했다. 그럼으로써 회사와 함께 윤택한 생활을 누릴 수 있기를 바랐다. 그것이 우리사주조합을 만든 이유다.

그렇게 우리사주조합을 만들어 직원들에게 주식 20퍼센트를 내놓았고, 이후 네 차례에 걸쳐 유상증자를 해 조합원들의 보유 주식은 대폭 늘어났다.

나는 사람을 중시하는 경영을 철칙으로 삼고 있다. 이 세상 모든 것은 사람이 중심이며, 기업 경영도 궁극적으로는 사람을 위한 것이다. 그 무엇에서도 '사람'이 빠져 있어서는 안 된다. 내가 회원 수를 숫자 이상으로 생각하는 것도 그것이 사람을 나타내는 지표이기 때문이다. 저마다 귀하고 소중한 존재. 그렇게 회원을 소중히 생각하듯 나는 직원들을 소중히 여긴다.

우리사주조합을 결성한 후 10년이 지난 2004년 2월, 우리 회사도 증권거래소에 상장했다. 당시는 교육기업이 상장하는 경우가 드물었기 때문에 실무적으로 검토할 사항이 많았고 그에 따른 어려움도 많았다. 또 상장한 다음 시장에서 어떤 평가를 받을 것인가도 우려하지 않을 수 없었다. 하지만 막상 상장을 하고 나니 그 모든 어려움과 우려는 일을 성사시킨 임직원들에 대한 고마운 마음으로 변했다. 그리고 증권 거래에 대한 색다른 꿈이 자라나기 시작했다.

대교는 국민주가 아니라, 말하자면 '아동주'가 되었으면 하는 바람이다. 새삼 말할 필요도 없이 대교는 어린이들을 위한 교육으로 성장해온 기업인 만큼, 어린이들이 우리 회사 주식을 단 한 주에서 열 주씩만이라도 가졌으면 좋겠다. 주식은 당연히 회사의 주인이 가져야 하는 것이니까.

행복한 웃음이
흘러넘치게 하라

──────── 1995년 7월, 올림픽공원 역도경기장은 전국에서 모인 사람들의 함성과 웃음으로 뜨겁게 달아올랐다. '제1회 눈높이 가요제' 최종 결선이 열리려는 참이었다. 조명이 눈부시게 쏟아지는 가운데 사회자로 가수 이문세가 성큼성큼 걸어 나왔다.

"대교 가족 여러분, 지금부터 눈높이 가요제를 시작하겠습니다! 다들 준비되셨나요?"

역도경기장 안은 "예!" 하는 함성과, 우레와 같은 박수소리로 가득 찼다. 눈높이 선생님들을 위한 축제의 막이 화려하게 오르는 순간이었다.

대교에서는 1995년을 '눈높이 선생님의 해'로 정했다. 그해만큼은 눈높이 선생님들을 위한 행사로 채워지도록 했다. 그렇게라도 현장에서 직접 아이들을 만나는 눈높이 선생님들의 노고를 위무하고 감사의 마음을 전하고 싶었다. 더불어 교사로서 자신의 인격을 걸고 열심히, 즐겁게, 오랫동안 일할 수 있기를 바랐다.

다양한 대규모 행사들 중 눈높이 가요제는 특히 인기가 높았다. 서울에서 본선이 열리기까지 전국의 지점들은 흥겨운 노래잔치로 들썩였고, 이것은 직원들의 마음을 하나로 모으는 계기가 되었다.

그 행사를 위해 음식점에 반주기 갖다놓고 예선을 치른 사업국도 있었고, 춤 연습을 한 사업국도 있었다고 한다. 일이 끝나면 피곤할 텐데도 다 같이 모여 춤 연습하고, 노래 연습하고, 그런 과정이 바로 모두 하나가 되고 일과 놀이가 효과적으로 섞여드는 길이었을 것이다.

그날, 선생님들을 즐겁게 해주기 위해 나도 기꺼이 몸을 던졌는데, 그 순간을 생각하면 지금도 웃음이 나온다. 그 많은 선생님들 앞에서 민망함을 무릅쓰고 「옥경이」를 불렀는데……. 예의상 큰 박수는 쳐주었지만 속으로는 '우리 회장님, 못 말리는 음치네' 하며 다들 웃었을 게 분명하다.

가요제 외에 사내 모델선발대회도 큰 관심과 호응을 받았다. 모두 함께하는 축제였지만, 정감 있고 친근한 이미지의 선생님들을 발굴해 광고·홍보물의 모델로 기용하려는 의도도 있었다. 대교 사내 모델선발대회는 예선을 통과한 선생님들이 무대에 올라 자신의 용모와 재능을 뽐내는 즐거운 자리였다.

그렇게 해서 뽑힌 선생님들은 대교의 모델로 적지 않은 활동을 했다. 각종 광고·홍보물에 등장해 자신의 일에 최선을 다하는 눈높이 교사의 모습을 전달했다. 여러 매체에서 자기 선생님을 발견하고 좋아하는 아이들 때문에도 모델로 뽑힌 선생님들은 자부심을 느꼈고 더 열심히 일했다.

대교 문예공모전도 의미가 컸다. '사랑의 이야기, 보람의 이야기'를 주제로 산문과 시를 공모했다. 교실 관리의 어려움, 그럼에도 그 속에서 보람을 찾는 우리 선생님들의 진솔한 이야기를 읽다 보니 다시 한 번 고마운 마음이 들었다. 백일장과 사례 발표회에서도 좋은 글, 좋은 이야기가 많이 나왔다.

대교는 교육문화기업이므로, 그 어느 기업보다도 사람을 소중히 여기고 늘 열린 마음으로 사람을 대해야 한다. 그런 면에서 직원들의 욕구가 무엇인지 찾아내어 적절히 충족시키는 일은 매우 중요하다.

나는 직원들에게 날마다 무언가 즐거운 일이 벌어지는 회사를 만들고 싶었다. 선생님들은 그런 나의 기대에 보답해주었다.

나를 낮추면
더 많은 것이 보인다

―――――― 나와 가까이 지내는 사람들이 가끔 '학습지 교사가 잠깐 방문한다고 아이 공부에 얼마나 도움이 되겠느냐'고 말한다. 한마디로 그것은 잘 몰라서 하는 소리다. 선생님과 학생이 얼굴을 맞댄다는 것 자체가 교육이다.

눈높이 선생님들은 과외교사가 아니다. 교과목을 가르치지도 않는다. 대신 아이의 능력에 따라 어느 부분을 공부할지 정해주고, 실력을 향상시킬 수 있도록 그 과정을 관리해준다. 아이들이 공부에 재미를 느껴 매진하도록 도와주는 것, 즉 동기를 부여해주는 게 우리 선생님들의 역할이다. 무엇보다 눈높이 선생님은 공부하는 습관을 잡아주는 중요한 존재다. 삶을 보람되게 하는 공부, 그것을 위한 기본적인 자세를 형성해주는 스승인 것이다.

그러한 교육의 장은 학생의 집이다. 배우는 이에게 가장 익숙하고 편안한 곳에서 그 환경을 고려한 학습이 이루어지고, 선생님과 학생·학부모가 자연스레 삼위일체가 된 교육 분위기를 만들기 때문에 그 효과는 배가된다. 나는 대교의 방문학습은 세계적인 학습 모델의 효시라고 자신있게 말할 수 있다.

해외로 나가는 대기업 주재원들 중 파견기간 동안 자녀들을 공부시킬 눈높이 교재를 구입해가는 경우가 적지 않다. 눈높이가 진출해 있는 지역으로 떠나는 경우에는 그곳 러닝센터와 연결해주는데, 그럼에도 몇 년치 교재를 싸들고 가는 학부모가 많다. 그만큼 교재에 대한 믿음이 있고, 꾸준히 이어온 눈높이 학습의 맥이 끊기지 않기를 원한다는 증거다. 문제는, 그렇게 교재만 싸가지고 가는 경우 열에 아홉은 실패한다는 사실이다. 아무리 교재가 좋아도 관리해주는 선생님이 없으니 밀리게 마련이고, 나중에는 잔뜩 밀린 교재가 부담스러워지는 것이다. 결국 애써 가져간 교재는 애물단지가 되고 만다.

눈높이의 핵심은 교재가 아니라 교사다. 교재가 중요하지 않다는 말이 아니라 그만큼 선생님의 역할이 절대적이라는 것이다. 나는 눈높이 선생님들이 말 한마디, 표정 하나, 몸가짐과 옷차림 등이 모두가 교육의 도구라는 점을 잊지 말고 아이들에게 모범이 되기를 바란다. 아이들은 모방에서 시작해 가치관과 습관을 정립하므로 행동 하나하나에도 주의를 기울여야 하는 것이다.

중요한 것은 숫자 하나 더하고 빼는 것이 아니다. 아이들에게 정말 중요한 것은 인성이다. 학습지 교사라고 인성교육을 할 수 없는 게 아니다. 1주일에 한 번 10~15분간의 짧은 만남이지만, 교육은 역시 양보다 질이다. 그 짧은 시간 동안에도 많은 걸 가르칠 수 있다. 선생님이 문제를 몇 개 맞히고 틀렸느냐보다 얼마나 성실하게 풀었느냐에 관심을 갖는다면, 아이도 점수에만 몰두하지 않고 자신의 학습태도를 점검해볼 것이다. 그렇게 선생님과 일대일로 만나면서 아이는 윗사람을 대하는 예의를 배워간다.

눈높이 선생님에게 실력은 기본 자질이다. 그런데 학부모들이 서로 모셔가지 못해 안달하는 선생님에게는 한 가지가 더 있다.

그게 뭘까?

그것은 바로 '성의'다.

아이는 선생님이 자신을 기계적으로 대하는지, 진심으로 대하는지 귀신같이 알아차린다. 학부모도 선생님이 자기 아이를 얼마나 아끼는지 금방 안다. 아이의 스승으로서 진정을 담아 지도하는지, 아니면 업무적으로 아이를 대하는지를 그대로 느끼는 것이다.

따라서 휴회가 발생하면 선생님은 스스로를 돌아봐야 한다. 자신에게 무언가 문제가 있다는 신호로 받아들이고, 그 원인을 분석해야 한다. 대부분의 학부모들은 불만이 있어도 있는 그대로 얘기하지 않는다. 선생님이 마음에 들지 않아도 돈이 없다거나 시간이 맞지 않는다는 이유를 댄다. 학부모들의 마음속에 숨겨진 진짜 이유를 알아내고, 그것을 바로잡을 수 있는 선생님이 뛰어난 분인 것이다.

휴회와 관련해 사내에 떠도는 우스갯소리가 하나 있다. 교사는 휴회가 발생하면 학부모 앞에 석고대죄를 해야 한다는 것이다. 교사는 고객을 위해 자신에게 필요한 자질이 무엇인지 그만큼 철저하게 반성하는 기회로 삼아야 한다.

교육에 종사하다 보면 자칫 매너리즘에 빠지기 쉽다. 남을 가르친다는 입장에 서다 보니 나 자신의 계발을 소홀히 하는 경우가 있는 것이다. 하지만 교육자야말로 끊임없는 자기계발이 필요하고 자기를 낮춤으로써 굽어볼 줄 알아야 한다. 그래야 잘 가르칠 수 있다.

서로 이끌어주며
함께 배운다는 것

———— 눈높이 학습의 핵심 가운데 하나는 개인별 능력에 맞춘 스타트 포인트다. 초등학교 4학년이라고 반드시 초등학교 4학년 실력을 갖고 있는 건 아니다. 3학년 수준밖에 되지 않을 수도 있고 5학년 수준일 수도 있다. 따라서 눈높이 학습은 학년과 상관없이 자신의 실력에 맞는 교재부터 시작한다. 더하기와 빼기를 못하면 곱하기를 할 수 없다. 완벽하게 이해하는 부분부터 시작해야 기초를 허물어뜨리지 않고 앞으로 나아갈 수 있는 것이다.

특히 수학의 경우 기초 계산력이 탄탄한 아이들은 실력에 기복이 없다. 하지만 부모의 압력에 의해 단기간에 서둘러 진도를 나간 아이들의 실력은 들쑥날쑥하다. 지루하고 반복적인 과정을 인내심을 갖고 극복하는 아이들이 결국 빛을 발하게 마련이다.

이 과정에서 필요한 것이 바로 눈높이 교육이다. 배우는 사람, 즉 아이 중심의 교육이 눈높이 교육이다. 아이들에게 수학문제를 풀게 하면 꼭 틀리는 문제만 틀리는데, 원리를 이해하지 못하는 아이에게 또 틀렸다고 윽박지를 순 없는 노릇이다. 이때 교사는 단순히 답을 알려주지 말고 숫자를 이해하는 개념을 바꿔줘야 한다.

그런데 학교에서는 이게 어렵다. 아무리 훌륭한 선생님이라도 한 사람, 한 사람과 눈높이를 맞추고 그 아이들 개개인에게 부족한 부분을 파악해 꼭꼭 짚어 가르치기엔 감당해야 하는 학생 수가 너무 많다. 그러다 보니 어쩔 수 없이 교사 중심의 수업을 하게 된다. 사교육 현장에서도 선생님이 상업적·과시적 성향을 갖고 있으면 학생과 일대일 학습을 하더라도 수업은 교사 중심으로 돌아가게 된다. 당장의 성과만 중시하기 때문이다.

선생님은 언제나 아이들의 권익을 보호해주는 존재여야 한다. 약자인 아이들 편에서, 아이들의 눈높이에서, 아이들에게 꼭 맞는 공부 방법을 제공해야 한다. 학생은 교사의 아랫사람도 아니고 소유물도 아니다. 교사 역시 학생의 윗사람도 아니고 주인도 아니다.

아이들은 모두 선하고 귀하며 나름의 재능을 가진 독립적인 존재다. 세상에서 표준화가 가장 잘 되어 있는 것이 돈이라면, 표준화가 가장 안 되어 있는 것이 사람이다. 그러므로 성적으로 사람을 평가한다는 것은 가당찮은 일이다. 인간 내면에 숨겨진 무궁무진한 자원을 발견해내는 게 교육의 힘인데, 우리 교육은 과연 얼마나 조화

롭고 전인적인 인간을 양성하고 있는지 한 번쯤 돌이켜봐야 한다.

교육은 언제나 배우는 사람의 눈높이에서 출발해야 한다. 그러려면 학생의 눈높이를 알아야 하며, 그 눈높이에서 시작하는 교육계획을 세워야 한다. 학생들은 자신이 이해할 수 있는 한도 내에서만 학습 성과를 내게 마련이다. 눈높이가 변하면 안 보이던 곳, 볼 수 없었던 곳이 보이기 시작한다. 기왕에 보던 것도 다른 색깔, 다른 의미로 보이기 시작한다.

부모들도 일상에서 자기 아이에게 눈높이를 맞추면 지적 수준이나 적성과 흥미, 성격 등 미처 알지 못했던 아이의 모습을 새롭게 발견할 수 있다. 아이를 새로운 시각으로 보게 된 부모는 자기 자신에 대해서도 새롭게 깨달을 수 있다. 곧 이전과는 다른 부모자식 관계로 발전하게 된다.

'눈높이'는 단순히 학습지 이름이 아니라 대교의 사업 이념이자 나의 교육철학이다. 눈높이 교육을 통해 스승과 학생이 함께 자라나며 서로를 이끌어주는 것, 그리고 마침내 스승은 제자를 자신보다 더 훌륭하게 키워내는 것, 그것이 교육 사업을 하는 나의, 우리의 목표이자 꿈이다.

가족이라는 삶의 버팀목

───── 아내와 나는 중매로 만났는데, 결혼 전에 나는 딱 한 가지 이야기를 했다.

"우리는 유교적인 집안이에요. 아버지는 조상을 모시는 데 늘 깍듯했어요. 그런 아버지의 영향으로 우리 가족은 유교적인 분위기가 자연스럽게 몸에 배었지요. 그런데 당신은 기독교 신자인데 결혼해서 우리 집 제사를 지낼 수 있겠어요? 결혼 전에 이 문제를 확실히 해두지 않으면 나로서는 곤란해요."

아내는 독실한 신자로서 유교적 관습을 지키기가 쉽지 않았을 텐데, 지금까지 시어머니를 모시고 살면서 제사를 엄격히 지내는 우리 집안의 전통을 이어주고 있다.

결혼은 지금까지 자기가 살아온 인생과는 또 다른 삶의 출발이다.

처음 시작이 조금 서툴고 부족하더라도 두 사람이 얼마나 최선을 다하고 노력하느냐에 따라 행복한 웃음을 지을 수 있다. 그 큰일을 치르고 이제 막 시작하는 직원들, 회사가 나서서 축하해주고 싶었다. 결혼한 지 얼마 되지 않았는데 업무를 처리하느라 매일 밤늦게 들어간다면 세상 어느 부부가 화목할 수 있을까? 흔히 하는 말로 한창 깨가 쏟아지는 시기인데 말이다.

지금은 시행되고 있지 않지만 1984년부터 1990년까지 해마다 한 번씩 신혼부부 축하연을 열었다. 회사 일도 중요하지만 건강한 가족, 가정의 의미를 깨닫게 해주고 싶었기 때문이다. 하지만 직원이 늘어나고 시대가 바뀌면서 결혼에 대한 가치관이 달라지는 등 여러 상황으로 인해 아쉽게도 이 행사를 지속하지 못했다.

개인의 가치관이나 생활관에 따라 결혼에 대한 인식과 문화가 바뀔 수 있다. 결혼 자체를 반대하는 사람도 있다. 그러나 나는 결혼은 하지 않는 것보다는 하는 것이 좋다고 생각한다. 결혼 후 더 많은 것을 얻고 더 큰 즐거움과 행복을 느낄 수 있다고 여긴다.

1995년 5월 15일은 제2회 세계 가정의 날이었다. 화목한 가정 만들기에 노력하자는 뜻에서 유엔이 지정한 그날 나는 유공자로서 세종문화회관에서 대통령 표창을 받았다. 개인적으로나 경영에서나, 사시(社是)에 '건강한 가족'이라는 항목을 넣어 직원 모두에게 강조할 만큼 가정과 가족을 중시해온 그동안의 내 삶이 공식적으로 인정받은 것 같아 마음이 뿌듯했다.

오늘의 대교는 가족들의 헌신이 없었다면 존재하지 않을 것이다. 내 삶의 희망과 행복은 모두 가족에서 나온 것이다. 교육 사업을 시작하게 된 것도 작은아버지의 권유가 계기였고, 지금은 각자 독립해 제 갈 길을 가고 있는 세 동생은 사업이 자리를 잡을 때까지 정말로 열심히 일했다. 처음에 반대가 심했던 어머니도 차츰 나를 이해해주고, 사업이 잘 될 때나 안 될 때나 늘 격려와 지지를 아끼지 않았다.

언제부턴가 나는 가족과 더 많은 시간을 보내기 위해 바깥 약속을 줄이기 시작했다. 저녁식사는 집에서 가족과 함께한다는 원칙을 세워 지켜오고 있으며, 아침에도 혼자만의 시간을 갖기보다는 가족들과 대화를 하려고 노력한다.

특히 이제 아흔을 바라보는 어머니와 좀 더 많은 이야기를 하려고 애쓴다. 어머니는 젊은 시절부터 건강이 좋지 않았다. 내 위로 자식 셋을 잃으면서 생긴 화병 때문이었다. 하지만 지금은 누구보다도 정정하시다. 아무래도 30년간 꾸준히 해온 배드민턴 덕분일 것이다.

그러고 보니 어머니와 내가 배드민턴과 맺은 인연이 참으로 길고 깊다.

그 예전, 아버지를 여의고 혼자 된 어머니의 건강과 활력을 위해 뭐 좋은 게 없을까 궁리하던 끝에 나는 집 앞의 조그만 공터를 샀고 어머니는 직접 땅을 골라 그곳을 배드민턴장으로 꾸몄다. 그리고 매일 아침 모자간에 셔틀콕이 오갔다. 그 셔틀콕은 어머니와 내게 활력 있는 생활과 정을 가져다주었다. 지금도 어머니는 배드민턴을 즐긴다. 요즘은 나보다 배드민턴이 효자 노릇을 하는 것 같다.

　나의 두 아들도 조상을 정성스레 모시고 효를 중시하는 분위기에서 자라서인지 부모를 생각하는 마음이 각별하다. 지금도 아들들은 부모님을 존경한다고 말한다. 고마운 일이다.

아버지의 자리를
비워두지 마라

———— 갓 임원이 된 사람들의 아내를 불러 다음과 같이 말하는 기업이 있다는 이야기를 듣고 깜짝 놀란 적이 있다.

"앞으로 남편은 없다고 생각하십시오. 회사에 바쳤으니 이제부턴 없는 겁니다."

나는 그저 놀라움을 느꼈을 뿐 아니라 이 땅의 남자와 아버지라는 존재가 위협받고 있다는 걱정이 들었다. 가정을 고려하지 않는 기업도 문제지만, 현실이 그럴수록 남자들은 자기 역할에 균형을 잡으려 더욱 노력해야 한다.

남자에게는 많은 역할이 있다. 그 중 핵심은 직장인으로서, 그리고 아버지로서의 역할이다. 대부분의 경우 좋은 아버지와 다감한 남편은 불가분의 관계이고, 자식 귀한 줄 아는 이가 부모님에게 소홀할 리 없다. 그런데 문제는 직장인 역할에만 시간과 에너지를 쏟게 된다는 점이다.

평일에는 귀가하자마자 쓰러져 잠자기 바쁘고, 주말이면 피곤하다는 핑계로 텔레비전 앞에 드러누운 채 아이와 놀아주지 않는 아버지. 잠깐 동안이라도 온전히 아이에게 집중해 땀을 흘리며 놀아준 적이 없는 아버지는 아이가 커갈수록 아버지 역할에 더 어색해질 수밖에 없다.

사실 좋은 아버지가 되기란 무척 어렵다. 나는 특히 내 아이들을 계도하고 훈육할 자신이 없었다. 화부터 났기 때문이다. 내 피가 섞인 자식이지만 내 뜻대로, 내 마음대로 되지 않는다는 사실을 받아들이기까지 꽤 오랜 시간이 걸렸다.

요즘은 '아버지 학교'도 생기고, 좋은 부모가 되기 위해 애쓰는 이들이 늘어난 듯해 다행이라는 생각이 든다. 대교에서도 '아버지 학교'를 만든 적이 있다. 1985년 가을 '오늘의 아버지, 무엇이 문제인가', '가치관 교육' 등을 주제로 제1기 '아버지 학교'를 열었던 것이다. '아버지 학교'는 우리 사회에 신선한 바람을 불러일으켰다. 텔레비전과 라디오에 소개되고, 중앙 일간지의 칼럼에서까지 대교의 '아버지 학교'를 거론하며 현실을 되짚어보기도 했다.

1987년에는 대교가 중심이 되어 전국적으로 벌인 캠페인이 있다.

"아버지를 찾읍시다."

먼저 전국 6개 도시의 유치원 및 초·중·고교생 2,133명을 대상으로 아버지상에 대한 의식구조를 조사해 그 결과를 발표했다. '아버지 수첩'을 만들어 나눠주었고, 『아버지 우리 아버지』라는 책자를 발간했으며, 가족 캠프도 열었다. 직원들은 '아버지를 찾읍시다'라는 문구가 적힌 어깨띠를 두르고 서울역 광장, 명동, 종로 등 도심 곳곳으로 삼삼오오 흩어져 시민들에게 캠페인 홍보물과 책자를 나눠주었다. 워낙 독특한 캠페인이라 많은 이들의 호기심 어린 눈길을 받았고, 몇몇 사람은 가던 길을 멈추고 직원들에게 유쾌하게 말을 걸어오기도 했다. 그렇듯 '아버지 운동'은 알차게 진행되었다. 방송에서 자세히 다뤄 사회적인 관심이 집중되기도 했다.

가정이 건강해야 기업이 건강해지고 사회가 건강해진다. 가정이 화목하지 못하면 밖의 일도 잘 될 리가 없다. 이는 여러 통계가 입증하고 있다. 가족이 화목하면 생산성이 높아진다. 불량률이 낮아지고 지각과 결근도 줄어든다.

야근에 철야, 그리고 업무의 연장이라는 회식과 술자리……. 이렇게 가정을 포기하면서 일에만 매달린다면 단기간에 목표한 성과를 이룰 수는 있다. 하지만 그것은 오래가지 못한다. 뿐만 아니라 직원들의 가정과 기업이 함께 시들어가게 된다.

편견의 벽을 뚫고
당당하게 일하라

──────── '대한민국 훌륭한 일터상' 우수상 수상, '남녀고용평등 우수기업' 선정, '여성사랑 베스트 기업' 선정.

이러한 수상 경력이 증명하듯, 대교는 분명 여성들이 일하기 좋은 곳이다. 선생님도 대부분 여성이고 그들이 상대하는 학부모 또한 대부분 여성이다. 그래서 여성에 대한 대교의 관심은 특별할 수밖에 없다.

나는 대교 초창기부터 여성 인력 채용에 적극적이었다. 당시 우리 사회는 고학력 여성의 취업 기회가 드물었다. 지금이야 사법시험 등의 각종 고시나 남성의 절대영역으로 여겨지던 군대 · 경찰 분야까지 여성들이 두각을 나타내고 있지만, 그때만 해도 여성이 대학에 가는 것은 대부분 현모양처가 되기 위해서였다. 대학을 졸업하고 취직을 해도 전화를 받거나 타이핑을 하지 않으면 차 심부름과 청소를 도맡아하는 사무보조원 수준의 일이 여성의 몫이었다.

그러나 나는 여성들의 능력을 사장시키는 것은 국가적인 낭비라고 생각했다. 대교에서는 특히 그랬다. 아이들에게는 남성보다 여성이 더 나을 터였다. 무언가를 획기적으로 가르치는 것만이 교육은 아니다. 아이들의 심성을 섬세하게 살피고 자상하게 이끌어주는 것, 아이들에게는 그러한 교육이 더 필요하다. 그래서 여성들을 적극적으로 채용하기 시작했다. 지금도 그렇지만 그때도 대교 학습지 교사 중 60퍼센트 이상이 여성이었다. 그리고 이 비율은 갈수록 높아지고 있다.

당시 여성들의 반응은 대단했다. 여자 선생님을 모집하면 경쟁률이 30 대 1을 웃돌 정도였다. 사회적으로 여성의 취업 기회가 적었을 뿐더러 월 평균 수입이 대졸 초임으로는 고액인 30만~35만 원이었으며, 실적이 뛰어나면 50만 원까지 받았다. 당시 대기업 대졸 초임이 25만 원 안팎이었음을 감안하면 파격적인 대우였다. 그러니 고학력 여성들이 탐내지 않을 수 없지 않은가.

채용하고 보니 여성이 훨씬 잘할 거라는 내 예상은 적중했다. 체력적인 문제 때문에 남자 선생님이 더 많을 때도 있었지만, 여성이라고 해서 방문 지도를 못하지는 않았다. 체력장까지 통과한 재원들이 아니던가.

30년 넘게 선생님들을 지켜보면서 다듬어진 내 생각은 '남성보다 여성이 능력 있다'는 것이다. 적어도 아이들을 가르치는 데서는 확실히 그렇다. 학부모들의 선호도나 실질적인 성과에서도 여자 선생님들이 탁월했다.

대교는 여성들에게 남성과 똑같은 기회를 준다. 승급이나 승진에 차별이 없고, 남성에게 절대적으로 유리한 군가산점제도도 없다. 한때는 관리자나 임원에 여성을 일정 비율 이상 고용하도록 했다. 같은 업계의 기업보다 여성 지점장이나 본부장도 많은 편이다. 오죽하면 남자들이 역차별을 당하고 있다는 소리가 나올 정도다. 그러나 아직은 갈 길이 멀다. 여성 임원이 더 늘어나야 한다.

한국은 여전히 결혼하고 아이가 있는 여성이 일하기 힘든 곳이지만, 대교는 미혼보다 기혼 여성이 더 일하기 좋은 곳이다. 특히 사업부제 선생님의 경우 정시에 출근하는 다른 회사보다 오전 시간을 여유롭게 쓸 수 있다.

예전에 비해 법과 제도는 친가족적으로 바뀌었지만 여전히 눈치 보지 않고 육아휴직을 찾아 쓸 수 있는 기업은 많지 않다. 육아문제로 집에서는 날마다 전쟁이 벌어지지만, 일하는 엄마에 대한 배려는 턱없이 부족하다. 배려까지도 필요 없는지 모른다. 임신과 출산을 위해 휴가를 내거나 육아휴직을 하는 여성을 부정적인 눈으로 보지만 않아도 된다. 그러나 고운 눈으로만 볼 수 없는 게 현실이다. 출산과 육아로 자리를 비우면, 그 부담은 동료들에게 돌아가게 된다. 그렇기에 제도적으로 좀 더 세세하게 뒷받침되어야 한다.

그런 면에서 대교는 일하는 엄마들에게 유리하다. 자녀를 둔 기혼 여성이라는 점이 회원을 관리하고 학부모와 소통하는 데 장점이 된다. 미혼 여성도 앞으로 결혼해 아이를 낳고 양육할 것이므로 유리한 부분이 많다.

대교는 여성 인재를 소중히 여긴다. 기업은 여성의 가치를 소중히 여기고 여성의 특성을 이해하며 여성의 현실을 배려하지 않으면 안 된다. 출산과 육아를 개인의 문제로 치부하고 그 책임을 가정에만 떠넘긴다면, 우리는 곧 사회적인 재앙을 맞게 될 것이다. 그에 대한 사회적인 노력이 지금보다 훨씬 확대되어야 한다.

행복한 가정의 구성원이 일도 잘한다. 따라서 여성을 얼마나 소중히 여기느냐에 따라 기업의 성패가 좌우되는 날이 올 것이다. 그러니 여성들이여, 포부를 가져라. 희망을 갖고 목표를 세워 자아실현을 이루고 정당한 대우를 받으며 보람을 느껴라.

작은 실천이
큰 사랑으로 이어진다

──────── 수도권의 어느 교회 2층. 눈높이 사랑봉사단 회원 열두 명은 열 평 남짓한 공부방을 꾸미느라 분주했다. 벽에는 곰돌이가 그려진 벽지를 바르고, 창문은 꽃무늬 차양으로 예쁘게 꾸몄다. 차가운 회색 문도 화사한 베이지색으로 바꾸고 밝은 색의 원목 서랍장과 신발장도 들여놓았다. 풍족하지 못한 환경에서 자라는 아이들이 공부방에서만큼은 밝게 지내도록 하기 위해서였다. 황금 같은 토요일 하루를 온전히 공부방 꾸미기에 바쳤지만, 눈높이 선생님들은 아이들이 얼마나 좋아할까 생각하니 힘든 줄도 몰랐다고 한다.

그렇게 새로 단장한 공부방으로 1주일에 한 번씩 눈높이 선생님이 방문해 학습 지도를 시작했다. 공부방 아이들에게도 과외 선생님이 생긴 것이다. 덧셈 뺄셈을 어려워하던 6학년 남자아이도, 수학이라면 고개를 젓던 5학년 여자아이도 차츰 달라지기 시작했다. 남자아이는 학교 수업을 따라갈 수 있는 정도까지 발전했고, 여자아이는 눈높이 선생님이 오는 날을 기다리며 공부에 맛을 들였다. 미싱사 보조인 엄마와 단둘이 반지하방에 사는 여자아이는 학교와 공부방을 오가는 것 외엔 특별히 배우는 게 없었다. 그런데 과외 선생님이 와서 지도를 해주니 의욕도 생기고 성적도 올랐다.

눈높이 사랑봉사단은 대교 선생님들이 자발적으로 만든 모임이다. 2000년에 결성되어 회원이 1만 5,000여 명에 이른다. 눈높이 교사들이 급여에서 일정액을 떼어 마련한 돈으로 매년 3억 1,000만 원의 기금을 적립해 소외계층 어린이와 장애우, 독거노인 등을 돕고 있다. 봉사단 회원들은 '어린이 교통안전 캠페인'도 벌이고 있으며 자폐아들에게 무상교육도 실시한다.

회사에서는 필요한 경우 가이드 역할을 하고 '매칭 포인트(matching point)'라 하여 각 눈높이 사랑봉사단 지회에서 직원과 선생님들이 모금한 금액의 10분의 1을 지원한다. 각 지역 상황에 맞게 봉사 계획을 세워 활동하며 기금도 자체적으로 사용한다. 선생님들은 학습 지도뿐 아니라 멘토 역할도 하는데, 아이들이 어려운 환경에서도 꿈을 잃지 않도록 격려한다. 외롭고 어려울 때 도닥이며 올바르게 성장하도록 이끌어주는 것이다. 바쁜 시간을 쪼개가며 자비를 들여 열심히 활동하는 선생님들이 나는 자랑스럽다.

눈높이 사랑봉사단에서는 다문화가정 어린이에게도 교육을 무료로 지원하고 있다. 다문화가정이 많은 안산지역에서 미취학 아동과 초등학생 약 550명을 선발해 1년간 눈높이 국어 교재를 제공하고 선생님들이 직접 방문 지도를 해주고 있다. 부모와 원활하게 의사소통을 할 수 있도록 어린이들의 언어 발달을 돕는 것이다.

최근 통계에 따르면 국내 다문화가정이 15만 가구를 넘어섰다고 한다. 가구당 어린이가 한 명씩 있다고 해도 만만찮은 숫자다. 나는 그 많은 다문화가정 어린이에 대한 관심과 지원을 중요하게 생각한다. 사실 이들은 당장 관심을 끄는 대상이 아니다. 현재 다문화가정에서 자라는 아이들은 미취학 아동 또는 초등학생이 주류를 이루기 때문이다.

그러나 이들이 자라나 사회에 진출하게 되는 15~20년 후, 어려서부터 제대로 교육을 받지 못해 의사소통이 힘들고 사회적 편견과 박탈감을 느끼게 된다면 큰 문제를 불러일으킬 수 있다. 만약 그리 된다면 그것은 누구의 책임인가. 어릴 때부터 이들이 건강한 사회 구성원으로, 미래 한국을 이끌어갈 동량으로 자라도록 배려해야 한다. 케냐 출신 아버지와 미국인 어머니 사이에서 태어난 오바마 대통령, 미국인 아버지와 한국인 어머니를 둔 풋볼 선수 하인스 워드 등이 바로 다문화가정에서 자라지 않았는가.

대교는 보건복지부에서 위탁을 받은 전국 다문화가족사업 지원단과도 관계를 맺어 다문화가정의 취학 전 어린이를 대상으로 가가호호 방문교육 서비스를 제공한다. 각 지역 다문화센터에서는 어린이와 성인을 대상으로 한국어 교육 프로그램을 지원하고 있다. 2009년에는 다문화가정 어린이들이 학교와 지역사회의 일원으로 건강하게 성장하고, 한글을 쉽게 습득할 수 있도록 전국 119개 센터에 대교와 대교출판 등에서 발행한 도서 5,700여 권을 기증했다. 대교는 그간 영역을 넓혀 해외에서 세계인을 대상으로 교육 사업을 해온 만큼 그 경험을 살리면 다문화가정 어린이들을 보다 효과적으로 교육할 수 있을 것이다.

그 외에 나는 아직 실행되지 않은 소박한 꿈 하나를 갖고 있다. 철없는 잘못을 저질러 영어의 몸이 된 소년원 아이들에게 대교에서 나온 교육 프로그램을 제공하고 싶다. 그들이 건강하고 밝게 미래의 꿈을 키워가는 사람으로 성장할 수 있도록 받침이 되어주고 싶다.

기업은 존속하는 것만으로도 사회에 기여하는 바가 있다. 하지만 기업 이익을 사회에 환원하지 않는다면 소비자들의 사랑으로 성장한 기업의 도리가 아닐 것이다. 기업이 제 할 일을 다 했다고 말할 수 있으려면 공공의 이익에 관심을 갖고 보다 나은 사회를 만들기 위해 노력해야 한다. 돈과 조직력 등 기업이 갖고 있는 막대한 자원을 이용해, 화려한 스포트라이트를 받는 곳보다는 아무도 관심을 갖지 않는 곳에 애정을 쏟아야 한다. 그러한 기업이 바로 최고의 기업이다.

봉사는 주는 것보다 얻는 게 많은 일이다. 눈높이 봉사단 선생님들도 활동 중에 배우는 점이 많을 것이다. 건강한 정신과 신체, 고등

교육까지 시켜준 부모님, 반듯한 직업……. 자신이 얼마나 축복받은 사람인지 감사하게 되고, 어려운 주변을 돌아보면서 그들에게 무심했던 스스로를 반성하는 계기도 될 것이다.

네 잎 클로버가 행운을 상징한다면 세 잎 클로버는 행복을 상징한다고 한다. 그런데 우리는 바로 눈앞에 있는 무수한 행복은 모른 채 수많은 세 잎 클로버를 짓밟아가며 네 잎 클로버를 찾는 데만 몰두한다. 봉사는 자신이 세 잎 클로버를 얼마나 많이 가졌는지를 확인케 하는, 나아가 그것을 나눠주게 하는 힘을 갖고 있다.

나의 길

혼란의 숲에서 세운
삶의 이정표

걸음마부터 제대로 배워라

다이아몬드가 빛나는 이유가 무엇인지 아는가? 다이아몬드는 절대 스스로 빛을 내지 않는다. 전문가의 손길을 거쳐야 비로소 다이아몬드는 자신이 가진 최고의 빛을 발한다. 세상의 모든 사람은 다이아몬드다. 다만 아직 다듬어지지 않은 원석 상태일 뿐이다. 이때 필요한 것이 배움이다. 다이아몬드가 전문가의 손을 통해 최고의 빛을 발하듯 인간은 배움을 통해 자신이 가진 최고의 능력을 발휘하기 때문이다.

하지만 모두가 전문가가 될 수는 없다. 마음만 먹는다고 모두가 숙련된 손길로 다이아몬드를 가공할 순 없는 것이다. 제대로 걷지도 못하는 아기가 뜀박질을 먼저 배울 수는 없다. 잘 뛰려면 잘 걷는 법부터 배워야 한다.

모든 배움 이전에 먼저 기본을 닦아야 한다. 조선 후기의 대학자인 다산 정약용은 강진에서 18년간 유배생활을 하면서 경집 232권과 문집 260권을 정리해냈다. 보통사람들이 10년 동안 베끼기도 힘든 분량의 책을 만들어낸 것이다. 그가 이렇게도 놀라운 결과물을 만들어낼 수 있었던 까닭은 그에게 완벽한 '터'가 있었기 때문이다. 그는 이렇게 말한다.

"기둥을 세우기 전에 먼저 터를 굳게 다져라. 주추를 놓기 전에 터를 굳게 다져라. 진도를 빨리 나가려 서둘지 말고 먼저 터를 굳게 다져라. 단청이 마르기도 전에 기울고 벽이 갈라지는 집은 아예 짓지도 마라. 시간이 좀 더 걸리더라도 터를 굳건하게 하는 데 시간을 더 들여라. 그 굳건한 토대 위에 주추를 놓고 기둥을 세워 들보를 얹어라. 그리하여 천년의 세월을 같은 자세로 견딜 수 있는 집을 지어라."

어제까지 아무것도 하지 않은 사람이 오늘 배움의 자세를 갖춘다고 갑자기 큰 성과를 거둘 수는 없다. 그들에게는 배움의 기본자세가 갖춰져 있지 않기 때문이다. 기본을 굳게 다지고 세상을 사는 이들과, 한순간의 가벼운 재주만 가지고 세상을 사는 이들의 인생은 확연하게 달라진다.

또한 기본을 굳게 다진 사람만이 지름길을 알게 된다. 보통사람들은 지름길을 노력 이상으로 빠르게 갈 수 있는 길이라 생각하는데, 내 경험에 비춰볼 때 그것은 망하는 길이다. 그런 행운은 어쩌다 한

번 올지 모르지만, 말 그대로 '어쩌다' 이상의 성취를 만들지는 못한다.

진정한 지름길을 아는 사람은 기본이 갖춰져 있다. 처음엔 조금 느려 보여도 중반 이후부터 엄청난 가속도가 붙어 어떤 길을 가더라도 지름길인 양 가장 빨리 도착할 것이다.

인생 최대의 실수를
저질러라

우리는 실수를 통해 배움을 얻어야 한다는 말을 자주 들어왔지만, 그 의미를 제대로 이해하지 못하는 경우가 많다. 성공이란 모든 위험과 실패를 피해가야 얻을 수 있는 게 아니다. 자신이 선택한 길이 힘들어 보인다고, 혹은 눈앞에 당신이 빠지기를 기다리는 구덩이가 보인다고 멈춰 서거나 다른 길로 돌아가서는 진정한 성취에 이를 수 없다.

물론 당신이 선택해 걷고 있는 그 길이 옳은 길인지 지금은 알 수 없다. 하지만 그걸 당장에 알 수 있다 해도 나는 그것을 거부할 것이다. 옳은 길인지 아닌지를 미리 알 수 있다면 아무도 옳지 않은 길을 걸으려 하지 않을 것이다. 그것이 무엇을 의미하는지 알고 있는가?

인생이라는 학교에 값비싼 수업료를 지불하지만 하나도 배우지 못했다는 것을 의미한다. 어떤 실수도 하지 않으므로 어떤 배움도 없는 것이다.

몇 년 전 나는 자기 인생에 대해 줄창 불평만 늘어놓는 사람을 만난 적이 있다. 마흔 살인 그의 얼굴은 수심으로 가득해 나이보다 10년은 더 늙어 보였다. 그는 이렇게 말했다.

"제 인생은 실패로 끝난 것 같습니다. 하는 일마다 잘 안 되네요. 제가 도대체 무엇을 할 수 있을지 모르겠습니다."

나는 그에게 지금까지 무슨 일을 해왔는지 물어보았다. 그는 대기업과 중소기업에서 근무했을 뿐만 아니라 자신조차 모두 기억하지 못할 정도로 다양한 직종을 경험했다고 대답했다.

그런데 그의 이야기를 들어보면 실패했다고 여겨지는 부분이 없었다. 여러 직종에서 다양한 업무를 익힌 사람의 이야기일 뿐이었다. 결국 지금까지 그는 단 한 번도 결정적인 실패를 맛본 적이 없었다. 그는 적당히 업무를 익히고 팀의 리더가 되어 본격적으로 일해야 할 시기에 회사를 그만둔 것이었다. 어리석게도 실패할지 모른다는 두려움 때문에 그런 과정을 되풀이한 것이다.

나는 직원들을 교육할 때 성공담보다 실패담을 더 자주 들려주는 편이다. 성공 사례는 아무런 도움도 되지 않기 때문이다. 과거의 성공 사례를 이야기해주면 직원들은 그걸 모방하기 바쁠 것이기 때문이다. 똑같은 방법으로 일을 하면 잘 될 거라 생각하지만 현실은 그렇지 않다. 시대도 바뀌고 상황도 다르기 때문에 똑같은 방법이 또

다시 성공할 확률은 낮다.

하지만 실패 사례는 다르다. 세상에서 가장 어리석은 생각은 실패하지 않으려는 마음가짐이다. 나는 작은 실패를 한 직원보다 큰 실패를 한 직원을 더 높이 산다. 그런 직원이야말로 회사에 꼭 필요한 사람이기 때문이다.

이제부터 당신의 능력을 믿어라. 그러면 실패하더라도 쓰러져 절망하지 않고, 더 큰 배움을 안고 다시 힘차게 뛰어갈 수 있다.

누구에게나 배울 점은 있다

──────── 어떤 사람이든 장점은 있다. 그런데 이상하게도 상대방의 장점을 찾아내지 못하는 사람이 있다. 그들의 공통점은 험담을 좋아한다는 것인데, 그러기 위해 다른 사람의 단점만 찾으려 한다.

하지만 현명한 사람은 남을 험담하지 않는다. 모든 사람을 자신의 스승으로 여기는 그들은 다른 사람의 장점을 발견하고 배우기 위해 애쓴다. 그러므로 더욱더 현명해질 수밖에 없다. 그와 달리 남을 험담하는 사람은 다른 사람의 단점을 보고 험담만 늘어놓기 때문에 시간이 지날수록 퇴보하게 된다.

물론 누구나 한 번쯤 남을 험담한 적이 있다. 그때 기분이 어떠했는지 한번 생각해보라. 속이 시원하기는커녕 왠지 기분이 찜찜했을 것이다. 그것은 험담이 자신의 마음에 부정적인 영향을 미쳤기 때문이다. 그러므로 험담을 일삼는 사람은 다른 사람의 단점까지 갖고 살아가게 되는 것이다.

살다 보면 때로 도무지 장점이라곤 보이지 않는 사람도 있다. 그런 사람에게서도 배울 점을 찾아낼 수 있다. 만약 자기 주변에 단점만 가득한 사람이 존재한다면, 그를 좀 더 자세히 살펴보며 그 이유를 깊이 생각한 다음 나는 이 사람처럼 단점만 가진 사람이 되지 않아야겠다는 배움을 얻어라. 그들은 당신이 해서는 안 되는 것을 가르치는 스승인 셈이다. 그러므로 현명한 사람이든 어리석은 사람이든 모든 사람이 스승이 될 수 있는 것이다.

우리는 일생을 사는 동안 원하든 원치 않든 수많은 사람들을 만나게 된다. 그때마다 남을 험담하며 시간을 보내기엔 우리의 삶이 너무나 아깝다. 사람을 만날 때마다 상대방의 장점 하나만 배우겠다고 마음먹는다면 당신은 금세 현명한 사람이 될 수 있다.

누구를 만나든 그 만남을 소중히 여겨라. 그리고 마음의 문을 활짝 열고 상대방의 장점을 배울 준비를 하라. 물론 선택은 당신의 몫이다.

혼나면서 배워라

──────── 나는 나 자신이 '항상 모자라고, 부족하다'고 여긴다. 그런 만큼 나는 항상 임직원들의 말을 경청하고, 그들의 조언을 잘 받아들이는 편이다. 그들이 나보다 뛰어난 부분이 많다고 믿기 때문이다.

혼자 모든 것을 하겠다고 생각하는 경영자는 인재의 중요성을 깨닫지 못한다. 흔히 자수성가한 창업주들이 독단과 오만에 빠지기 쉬운데, '흥, 네가 뭘 알아'라며 과거 경험에 기대어 다른 사람의 충고를 듣지 않으려 한다. 하지만 지위 고하에 상관없이 모르면 배워야 하고, 혼나야 한다. 그러한 지적을 통해 자기 발전을 도모해야 한다.

누구나 실수할 수는 있다. 처음부터 알고 태어나지 않으므로 배워야 하는 단계가 반드시 필요하다. 그러므로 우리는 잘 배우고, 배우지 못한 것에 대해서는 잘 혼나는 법을 알아야 한다. 물론 하나를 혼내면 둘을 깨우치는 사람도 있다. 하지만 가장 좋지 못한 것은 혼나고도 왜 혼이 났는지, 뭘 반성해야 하는지를 아예 모르는 경우다. 그러면 똑같은 실수를 되풀이할 가능성이 높아 혼나는 시간이 아무런 의미가 없어져버린다.

예를 하나 들어보자.

가끔 한강시민공원에 나가 배드민턴을 하다가 나보다 못하는 사람을 보면 가르쳐주고 싶다는 생각이 든다. 가르친다는 것은 상대방의 올바르지 않은 자세를 교정해주는 것이므로, 직장에서 혼내는 것과 같은 의미다.

그런데 사람들의 반응은 제각각이다. 누가 봐도 나보다 배드민턴을 못하는 사람이 '당신은 뭐 얼마나 잘한다고 지적하세요?' 라고 말해오면 순식간에 나는 그 사람을 가르치고 싶다는 의지를 잃고 만다. 내가 완벽하지 않다고 해서 내가 가르쳐준 것이 틀렸다고 무시할 수는 없는 것이다.

문제는, 배우려는 의지다. 그 사람의 말은 나에게 지적을 받아 자신의 자세를 고치고 싶다는 의지가 전혀 없다는 뜻이다. 그럴 땐 어떤 말을 해도 상대방에게 전달되지 않는다. 즉 그 사람은 혼내도 왜 혼이 나는지, 혼이 나서 뭘 반성해야 하는지 전혀 모르는 것이다.

누가 당신을 혼낸다는 것은 당신에게 문제가 있다는 것이다. 그렇다면 문제가 사라지기를 바라지 말고, 어떻게 하면 문제를 처리할 수 있는지를 가르쳐주는 상대방의 말에 귀를 기울여 해결 방법을 찾아라. 문제는 결코 사라지지 않는다. 만약 잠시 사라지더라도 얼마 지나지 않아 더 큰 몸집으로 당신을 다시 찾아온다. 그땐 지금처럼 쉽게 문제를 해결할 수 없다.

그러므로 혼나면서 배우는 것을 즐겨라. 배움이 즐거우면 인생은 낙원이다. 하지만 배움이 즐거움이 아닌 의무라면, 그 사람의 인생은 지옥과도 같을 것이다. 사람은 가장 즐거운 마음으로 무언가를 배우며 자신을 발전시켜야 훗날 자신이 원하는 수준에 도달할수 있다.

자존심은 지켜라

나는 가끔 대학생들이 많이 모이는 대학로 근처를 지나가는데, 그때마다 그들의 모습을 보며 놀라곤 한다. 20대 초·중반의 대학생들이 도로 옆에 모여 앉아 멍하니 지나가는 사람들을 쳐다보거나, 아무런 생각 없이 하늘만 보며 앉아 있다. 그들은 그냥 그렇게 앉아 시간을 보내고 있는 것이다. 그저 늙기 위해 살아가고 있는 사람의 표정을 짓고, 소중한 시간을 헛되이 흘려보내고 있는 것이다.

사실 그들에게 달려가 이렇게 말해주고 싶은 적이 한두 번이 아니었다.

"제발 정신 좀 차리세요! 당신은 자존심도 없나요?"

'모든 것을 다 이해할 수 있다'는 한가로운 표정으로 멍하니 앉아 있는 그 모습에 당신도 포함되어 있다면, 제발 그 의미 없는 시간을 당신의 인생에서 잘라버려라.

언젠가 한 대학생이 나에게 이런 말을 했다.

"전 저랑 비슷한 나이인데 크게 성공한 사람들을 보면 자존심이 상해요."

"자존심이 왜 상하지?"

"나이는 같은데, 유명해지고 돈도 많이 버니까요."

"근데 그게 왜 네가 자존심 상하는 이유가 되는 거야?"

자존심이란 그런 게 아니다. 아무런 행동도 하지 않고 머릿속으로 생각만 하는 사람이 불평할 수 있는 것이 아니다.

자존심이란 자신의 행동에 대해 스스로 판단해 얻은 결과다. 설령 행동을 취했지만 결과가 좋지 못해도 자존심은 지킬 수 있다. 생각만 하는 사람은 자존심을 지킬 수 없지만, 행동한 사람은 그것을 이루기 위해 노력했으므로 최소한의 자존심은 지킬 수 있는 것이다.

자존심을 높이는 길은 다른 사람이 아닌 자신에게 달려 있다. 자신이 지킨 자존심의 크기가 작다면 끊임없이 행동하며 키워나가라.

자존심은 지켰다.

신문 머리기사에서 이런 제목을 자주 보았을 것이다. 이때의 '자존심은 지켰다'는 여러 상황에서 사용할 수 있는 문장이다. 예를 들어 이봉주나 김연아가 세계대회에 나가 우승은 못했더라도 자신의 최고기록을 세웠거나, 경제 관련 협상 테이블에 나간 한국 대표가 백퍼센트 유리하게 협상하진 못했지만 기대한 바를 달성했다면 자존심은 지켰다고 말할 수 있는 것이다.

그런데 이들의 공통점이 무엇인지 아는가? 그것은 바로 생각에 그친 게 아니라 목표를 성취하기 위해 움직였다는 것이다. 그것도 최선을 다해, 한 가지에 몰입하면서.

내 자존심을 세워줄 사람은 세상에 오직 나뿐이라는 사실을 알게 되었을 때 당신은 비로소 성취의 기쁨을 느낄 수 있다. 자존심이 사라지게 그냥 두지 마라. 그것은 곧 당신의 인생이 사라지는 것을 의미하기 때문이다.

일의 본질을 파악하라

자신이 하고 있는 일에서 배움을 얻으려면 그 본질을 연구한 다음 올바른 길을 찾아내야 한다. 예를 들어 학습지의 본질은 그 내용에 충실해야 한다는 것이다. 돈을 들여 디자인과 장정에 신경 쓰는 것은 학습지의 본질에 어긋나는 행위다. 겉모양이 얼마나 보기 좋은가는 학습지의 본질과 상관없기 때문이다. 학습지의 겉모양이 아무리 화려해도 그 내용이 형편없다면 아무짝에도 쓸모가 없다. 겉모양은 수단일 뿐 목적은 아니기 때문이다.

학습지는 아이들에게 배움의 기회를 제공하는 것이다. 그렇다면 학습지를 만드는 사람은 최대한 양질의 배움을 주기 위해 끊임없이 연구해야 한다.

그래서 일의 본질을 아는 것이 그 무엇보다도 중요하다. 자신이 하고 있는 일의 본질을 알지 못하면 힘들게 노력만 하고 결국 아무 것도 얻지 못하기 때문이다. 정말 열심히 일하는데도 다른 사람보다 성과가 뒤떨어지는 이들을 볼 때면 안타까움과 안쓰러움이 교차된다. 그들은 지금 자신이 어디로 나아가는지도, 무슨 일을 해야 하는지도 잘 모른다. 그저 열심히 할 뿐이다.

부지런하기만 해서 얻을 수 있는 것은 이미 다른 사람들이 모두 얻어갔다. 이젠 무작정 열심히 일해서 가져갈 수 있는 것이라곤 실망밖에 없다. 그러므로 어떤 일을 하기 전에 항상 그 본질부터 깊이 생각한 다음 올바른 길을 찾아내야 한다.

한번은 1년간의 인턴 과정을 마친 대교 새내기들과 함께 일본으로 연수를 떠난 적이 있다. 다른 기업을 견학해 그 기업을 연구하면서 일의 본질을 스스로 이해할 수 있는 힘을 길러주기 위해서였다.

2008년에는 일본 교토에 있는 MK택시를 견학했는데, 미국의 시사주간지 〈타임〉지가 세계 최고의 서비스 기업으로 선정한 MK택시는 재일교포가 경영하는 일본 최대의 택시회사다. 매년 40명을 뽑는 기사 모집에 대졸자들이 몰려 200 대 1의 경쟁률을 기록하는 곳이다. 이러한 MK택시의 성공 스토리는 가히 전설적이기 때문에 대교 새내기들이 일의 본질이 무엇인지 배움을 얻기에 적합한 곳이라고 판단한 것이다.

대교 새내기들은 우선 MK택시의 청결함에 혀를 내둘렀다. 거울처럼 사물을 비추는 외관은 물론이고 차 내부도 흙먼지 하나 없이 깨끗했다. 차에서 빛이 나고 향기가 풍겼다. 얼마나 잘 관리했는지 20년 된 차라고 믿기 힘들 만큼 보닛 내부 상태도 훌륭했다. 트렁크 역시 청결했다. 기사들은 근무교대 때 깨끗이 청소한 뒤 차량을 인계했다. 차량의 청결 유지는 손님을 왕처럼 모시는 첫걸음이다. 그들은 고객이 무엇을 원하는지 확실히 알고 있었다.

그 다음은 깍듯하고 친절한 인사다. 손님이 택시에 타면 기사는 '감사합니다. MK택시입니다'라고 인사한 다음 '오늘은 ○○○ 기사가 모시겠습니다'라며 자신을 소개한다. 이어 손님이 행선지를 말하면 다시 한 번 확인한다. '행선지는 ○○○가 맞습니까?', 그리고 마지막 인사는 '잊어버리신 물건은 없습니까?'이다. 이 네 가지 말을 듣지 못한 손님은 택시요금을 내지 않아도 된다.

MK택시에서 인사는 가장 중요한 부분이다. MK택시는 신입기사가 들어오면 인사교육부터 시킨다. 그 후로도 인사가 습관이 되도록 계속 큰 소리로, 깍듯하게 인사하는 연습을 시킨다. 지금 생각하면 당연히 인사는 고객 서비스의 기본이다. 하지만 MK택시가 택시 열 대로 사업을 시작한 1960년대만 해도 택시기사가 그렇게 인사하는 경우는 없었다. 그래서 처음에는 기사도 손님도 어색했지만, '친절'은 차츰 'MK택시' 하면 생각나는 그들만의 특징이 되어갔다. 택시를 이용하는 손님이라면 누구나 MK택시를 타고 싶어했다.

MK택시의 고객 서비스 정신은 타의 추종을 불허한다. 모든 기사가 인명구조원 자격과 관광가이드 자격증을 갖고 있는데다 외국인과 영어로 대화할 수 있는 실력을 갖추고 있다. 아무리 짧은 거리, 아무리 가고 싶지 않은 곳이라도 승차 거부는 상상도 못한다. 장애인을 우선적으로 태우고 요금도 10퍼센트 할인해준다. 장애인 우선 정책을 실시한 후 오히려 매출이 늘어났다.

대교 새내기들은 아마 일본 경기가 침체되는 가운데서도 MK택시만은 호황을 누리는 이유를 스스로 느꼈을 것이다. 그 이유가 바로 그 일의 본질이다. 우리가 택시를 타는 것은 택시의 성능이나 화려함을 보기 위함이 아니다. 우리의 목적은 친절하고 깨끗한 택시를 타고 목적지까지 안전하게 가는 것이다. MK택시는 손님이 원하는 바를 정확히 포착했고, 일의 본질에 입각한 서비스를 시행해 일본 제일의 택시회사로 우뚝 올라섰다.

연수를 다녀온 새내기들 역시 이러한 점을 깊이 깨우쳤을 것이다. 나아가 자신이 근무하고 있는 대교라는 회사가 하는 일의 본질이 무엇인지 다시 한 번 생각해보는 계기가 되었을 것이다. 생각해본 것과 생각해보지 않은 것은 확연하게 차이가 난다. 한 번 이상 생각해본 이들은 더 이상 예전의 새내기 모습이 아닐 것이다.

호기심이
배움의 길을 밝힌다

─────── 사원들을 교육할 때 나는 '당신의 마음을 열어라' 라는 말을 자주 한다. 마음은 낙하산과 같아서 활짝 펴져야 그 기능을 발휘할 수 있다. 놀라운 발명과 업적을 남긴 사람들은 재능이 뛰어난 게 아니라 무엇이든 받아들일 수 있는 열린 마음을 가지고 있었다. 사고능력은 우리를 자유로운 존재로 만들어주기 때문에 세상에 대한 호기심을 극도로 높여주는 역할을 한다.

우리에게 호기심이 필요한 것은, 안타깝지만 이젠 이전에 없던 것을 새롭게 발명하기 힘들어졌기 때문이다. 모든 것은 과거의 기초 위에서 만들어질 수밖에 없다. 그러므로 우리는 더 좋은 모범을 찾기 위한 배움에 몰두해야 한다. 그대로 사용해서는 통하지 않는다. 현실에 맞게 바꿔야 한다. 필요하지 않은 것을 과감히 버리고, 부족한 것을 채워서 만들어내야 한다. 그래서 우리는 우리가 가질 수 있는 최대의 호기심을 가져야 한다. 이때 우리에게 필요한 한마디는 바로 이것이다.

난 궁금한 건 도저히 참을 수가 없어.

이런 말을 하는 사람을 보며 참을성이 없다고 생각하는 사람은 없다. 참을성이 없는 게 아니라 다른 사람들보다 호기심이 충만한 것이다. 배움을 위한 첫 번째 단계는 바로 호기심이다. 배움은 호기심에서 시작되기 때문이다. 똑같이 배워도 유독 잘하는 사람이 있다. 그를 살펴보면 다른 사람들보다 그 일에 호기심이 많다는 사실을 알 수 있다. 때론 호기심의 격차가 능력의 격차보다 중요하다. 호기심은 배움에 대한 욕구를 강력히 불러일으켜 몰입의 경지에 빠지도록 돕기 때문이다.

르네상스 시대의 레오나르도 다 빈치는 호기심을 자극해 최고의 위인이 된 인물이다. 그는 수학, 과학, 철학, 공학, 건축, 미술 등 다양한 분야에서 천재성을 발휘했다. 아마도 그는 인류 역사상 최초로 자신의 능력을 거의 대부분 발휘한 사람으로 기록될 것이다. 일상생활에서 그는 늘 자신의 호기심을 자극했는데, 수첩을 가지고 다니며 새로운 생각이 떠오르면 빠뜨리지 않고 적어놓았다. 그가 쓴 글을 보면 그가 얼마나 호기심이 많았는지 알 수 있다.

'나는 의문의 답을 찾으며 시골길을 걸었다. 조개껍데기가 왜 산 꼭대기에 있는 걸까? 산호나 해초의 흔적이 왜 남아 있는 걸까? 모두 다 바다에 사는 생물인데……. 번개는 생기자마자 바로 보이는데, 천둥은 왜 조금 지난 후에 소리가 나는 걸까? 호수에 돌멩이를 던지면 왜 돌이 떨어진 주변으로 여러 겹의 동심원이 생기는 걸까? 새는 어떻게 하늘을 날 수 있을까? 언제나 내 머릿속은 이런 궁금증으로 가득 차 있다.'

이러한 호기심을 풀기 위해 그는 더 열심히 관찰하고 공부할 수밖에 없었다. 결국 레오나르도 다 빈치가 이룬 업적은 그의 호기심이 만든 것이다. 당신도 그처럼 호기심을 갖고 세상을 바라보면 많은 배움을 얻을 수 있다. 새로 나온 책을 읽고, 영화를 보고, 음악을 듣는 것 또한 호기심을 자극하는 행동이다. 이를 통해 당신이 속한 곳에서 당신의 능력을 발휘하는 방법을 찾을 수 있다.

'다르다'는 생각은 모든 배움의 시작이다. 그러므로 하나의 원칙을 세우되 다양한 각도에서 대중을 바라보라. 절대 변하지 않는 자신만의 원칙을 세우는 것은 중요한 일이다. 원칙이 없는 삶은 고달프기 때문이다. 하지만 사업이나 정치를 하는 사람은 물론이고 사회생활을 하는 사람들에게 반드시 필요한 것이 대중을 바라보는 눈이다. 대중의 관심이 무엇인지 늘 알고 있어야 하고, 시대의 흐름을 파악하는 노력을 게을리 하면 안 된다. 대중이 관심을 갖는 것이, 그리고 소비하는 것이 별 볼일 없어 보일지 몰라도 그들이 그것을 사고, 사용하는 데는 합당한 이유가 있다. 사업을 성공시키거나 고객을 만족시키려면 자신의 고정관념과 같은 원칙은 잠시 잊고, 대중의 기호를 파악하고 그것을 받아들여야 한다.

원칙은 중요하지만, 그 안에 갇혀 독단적으로 행동하는 사람은 그러지 않는 사람보다 성공의 기회를 발견할 수 있는 가능성이 낮다. 원칙은 자신의 내면을 가꾸는 데 쓰고, 눈은 늘 대중에게서 떨어지지 마라.

불가능이라는 핑계를 없애라

———— 핑계가 없는 사람은 성공할 수밖에 없다. 핑계가 없으니 어떤 일을 하든 절대 포기하지 않고, 되는 방법을 끊임없이 찾아내기 때문이다. 많은 사람들이 일을 할 수 없다는 변명을 하면서 핑계를 만들어낸다. 핑계를 만들기로 작정한 사람은 수많은 핑계를 찾아낼 수 있다. 하지만 언제까지 당신의 삶에 온갖 핑계를 가득 채울 것인가.

"내가 제대로 했으면 잘할 수 있었어."

이런 변명은 필요가 없다. 모든 핑계를 사라지게 하고, 당신이 가지고 있는 모든 힘을 다해 성취를 위한 노력을 해야 한다. 인생의 성공은 백퍼센트의 힘을 발휘하는 사람에게 찾아온다. '그래도 조금 쉴 시간은 있어야지'라고 생각하는 사람은 쉴 시간을 마련하기 위해 모든 능력을 발휘하지 않고 핑계를 만들어낸다.

백퍼센트의 힘을 발휘한다는 것은 곧 성장한다는 것이다. 사람은 성장하는 동물이다. 50의 능력을 가지고 있는 사람이 죽을 때까지 50의 능력 안에서 머무는 게 아니다. 자신의 능력을 백퍼센트 발휘할 때마다 그의 능력은 조금씩 상승하게 된다. 그게 바로 성장이다.

만약 당신이 다이어트를 하기 위해 자전거를 탄다고 생각해보자. 보통 운동은 30분이 지나야 지방이 분해되고 그 효과를 얻을 수 있다. 하지만 성장을 못하는 사람은 20분이 조금 지나면 '이 정도면 됐지 뭐'라고 생각하며 운동의 효과를 얻지 못하는 부류다.

문제는 언제나 당신에게 있다. 문제가 생기는 것보다 더 좋지 못한 것은 남의 탓으로 돌리는 태도다. 늘 외부 요인으로 문제가 생긴다고 판단하는 것이다. 그래서 자신은 어찌할 수 없다고 책임을 돌려버린다. 이것은 정말 위험한 생각이다. 그런 사람들은 평생 그 생각에서 벗어날 수 없게 된다. 그렇게 책임을 돌린다면 어떤 상황이 벌어지겠는가? 당연히 책임과 함께 권한도 돌아간다. 당신의 인생을 남에게 맡기는 셈이 되는 것이다.

자신의 상황을 좀 더 희망적으로 만들고 싶다면 우리는 당장 실행해야 한다. 그리고 그 해결책은 외부가 아닌 자기 자신에게서 오는 것임을 명심해야 한다. 물론 세상을 살다 보면 억울한 경우가 생기게 마련이다. 자기 힘으로 어찌할 수 없는 일이 자주 일어나기 때문이다. 그렇다고 그런 상황에서 자신의 책임을 회피한 채 멍하니 하늘만 바라보고 있을 수는 없다. 그 어찌할 수 없는 일에 어떻게 대응

하느냐에 따라 비로소 당신은 그토록 꿈꾸는 삶에 접속하는 '권한'을 가질 수 있기 때문이다.

또한 모든 문제는 성장의 기회를 동반한다. 우리가 성장하기 위해서는 '이 문제를 해결하려면 어떻게 해야 하나?' 보다는 '이런 문제가 다시는 오지 않게 만들려면 무엇을 해야 하나?'에 대답할 줄 알아야 한다. 이때 질문의 힘을 이용하면 수월하게 답을 생각해낼 수 있다. 중요한 것은 불가능이 포함된 질문이 아니라 가능성이 포함된 질문을 던져야 한다는 것이다.

'나라고 여기서 할 수 있는 일이 있을까?'

이런 질문은 정말 힘이 빠지는 질문이다. 스스로 자신의 가능성을 포기하고 던지는 질문이기 때문이다. 좀 더 희망적이고 긍정적인 질문을 던져보자.

'어떻게 이 일을 해결해나갈까?'

이제 조금 더 희망의 빛이 보이는 것 같지 않은가? 불가능이 담긴 질문을 던지지 마라. 사람은 자신이 원하는 것을 얻게 될 확률이 높다. 불가능한 질문을 던진 사람은 불가능한 답을 얻게 되고, 가능한 질문을 던진 사람은 가능한 답을 얻게 된다. 제대로 된 질문은 자신을 움직인다. '나는 무엇을 할 수 있는가?', '어떤 가능성을 갖고 있는가?'라고 끊임없이 질문하라. 당신 안에서 불가능이라는 평계는 곧 사라진다.

가능하다는 믿음이
삶을 변화시킨다

━━━━━ 지난 35년간 가까이서 아이들을 지켜보면서, 아이들에게는 어른들에게 없는 대단한 재주 하나가 있음을 발견했다. 그것은 바로 '아무것도 상관하지 않는 재주'다.

아이들이 노는 모습을 한번 살펴보라. 혼자 놀든 친구와 함께 놀든, 아이들은 어떤 상황에서도 정말 신나게 노는 재주를 가지고 있다. 장난감이 있든 없든 있으면 있는 대로 없으면 주변의 모든 물건에 의미를 부여해 신나게 노는 데 열중한다. 바로 이것이 우리가 아이들에게 배워야 할 자세다.

우리는 언제나 긍정적인 사람이 되기를 바란다. 그래서 긍정을 강조하며 책을 읽고 대화를 한다. 하지만 부정적인 상황에 부딪히면 자신도 모르게 긍정의 힘을 잃고, '혹시 안 좋은 일이 생기는 게 아닐까?'라는 근거 없는 상상을 하며 자신을 안 좋은 쪽으로 몰아버린다. 이럴 땐 아이들처럼 하나의 생각을 유지하며 다른 게 끼어들지 않도록 해야 한다. 부정적인 생각이 긍정의 범위 안에 들어오지 않도록 해야 한다.

나는 매일 아침 일어나 이렇게 자기암시를 한다.

'오늘은 정말 좋은 날이다. 분명 내 생애 최고의 날이 될 것이다.'

긍정적인 말을 습관적으로 하는 사람에겐 긍정적인 일이 습관처럼 찾아들게 된다. 반면 부정적인 말만 일삼는 사람에게는 안 좋은 일만 생긴다. 나는 부정적인 생각이 들 때마다 큰 소리로 시 한 편을 읽으며 마음을 가다듬고 긍정적인 태도를 가지려고 애쓴다.

꿈속에서 가져온 꽃

당신이 잠 좀 들었다고 해서 안 될 게 뭔가?

그건 그렇다 치고

잠을 자면서

꿈 좀 꾸었다고 해서 안 될 게 뭔가?

그건 그렇다 치고

꿈속에서

당신이 천국으로 가서

어떤 기묘하고

아름다운 꽃을

거기에 심었다고 해서 안 될 게 뭔가?

그건 그렇다고 치고

깨어났을 때,

당신이 그 꽃을

손에 쥐고 있다고 해서 안 될 게 뭔가?

_새뮤얼 테일러 콜리지

오랜 시간 꿈꾼 일은 반드시 현실이 된다. 그러므로 생각하는 것은 언젠가 반드시 이뤄진다고 믿고, 생각을 품을 땐 조심해야 한다. 당신이 가진 꿈의 가능성을 믿어라. 꿈속의 정원에서 꽃을 꺾은 것을 그저 꿈속에서 벌어진 일이라고 여기지 마라. 꿈속에서 꺾은 꽃을 깨어나서도 손에 쥘 수 있다고 생각하라. 그 생각이 당신의 꿈을 이뤄줄 테니까.

심리학에는 한 가지 법칙이 있다. 이루고 싶은 모습을 마음속에 그린 뒤 오랫동안 그 그림이 사라지지 않게 간직하고 있으면, 반드시 그대로 실현된다는 것이다.

지금보다 더 행복해지고, 더 많은 즐거움을 누리고 싶은가? 그렇다면 우선 '모든 것이 가능하다'는 태도를 가져라.

내가 알고 지내는 30대 후반의 남성이 있는데, 그는 5년 전에 결혼하여 행복하게 살아가고 있었다. 그런데 어느 날 날벼락과도 같은 불행이 찾아왔다. 교통사고를 당한 아내가 척추를 다쳐 평생 움직일 수 없는 몸이 된 것이다. 남겨진 것은 이제 네 살 된 아이와 초라한 자신뿐이었다. 이제부터는 그가 돈도 벌고 아이와 아내의 생활까지 책임져야 했다. 회사 일만으로도 살기 힘들다고 투정하던 그에겐 불가능에 가까운 일이었다. 그런데 놀랍게도 그는 지금까지 그 모든 것을 완벽하게 해내고 있다.

그 역시 처음에는 자신이 그 많은 일을 해낼 거라고 생각지도 못했다. 회사 업무만으로도 하루가 꽉 차기 때문에 더 이상 다른 일은 못한다고 생각했기 때문이다. 하지만 아내와 아이를 책임져야 한다고 생각하자 시간을 대하는 태도가 달라졌다. 그때부터 불가능한 것이 가능해지기 시작했다. 멍하니 보내는 시간을 없애고 텔레비전이나 의미 없는 만남을 거절하자 생각지도 못했던 시간이 생겨 아이들을 돌보고 아내까지 돌볼 수 있게 된 것이다.

이처럼 어떤 일을 대할 때 '나는 그 일을 처리할 능력이 없어'라고 말하며 불가능을 말하는 삶의 태도를 가지고 있으면 안 된다. 일단 가능성에 초점을 맞추고 삶의 태도를 변화시켜나가면 모든 불가능한 것이 조금씩 가능해지는 것을 발견할 수 있다.

당신 인생의 가장 위대한 발견은 당신의 태도가 당신의 삶을 변화시킬 수 있다는 것이다. 당신의 능력에 상관없이, 당신의 태도로 얼마든지 바뀔 수 있음을 마음속 깊이 새겨라.

현재와 미래

CEO처럼
일하고 배워라

강영중 스타일에서
길을 찾아라

──────── 모든 인간이 재능이 넘쳐야 할 필요는 없지만, 모든 인간이 성실해야 할 필요는 있다. 그동안 나는 성실과 도덕성이 인생의 최고 무기라고 생각해왔다.

혹시 당신은 자신에게 아무런 능력이 없다고 한탄하고 있는가. 하지만 당신에게 성실이라는 삶의 태도가 있다면, 당신은 그 어느 것보다 훌륭한 능력을 갖고 있으므로 한탄하지 않아도 된다.

우리는 살면서 올바른 원칙을 바탕으로 성실하게 임해야 한다. 성실하지 않은 사람은 결국 어떤 일도 제대로 해내지 못한다. 성실하지 않기 때문에 노력보다는 불법을 동원하려는 습성이 몸에 밴다. 법규나 규칙을 지키지 않아 곤란한 상황에 놓이곤 한다. 가장 올바른 삶의 궤도에서 이탈하지 않으려면 성실하고 도덕적이어야 한다.

2009년 5월 10일은 나를 평가하는 날이었다. 지난 4년간 내가 세계배드민턴연맹을 잘 이끌어왔는지를 가늠하는 날이기도 했지만, 그보다 더 중요한 것은 내가 지난 60년 인생을 얼마나 올바르게 살아왔는지를 평가하는 날이라는 것이었다. 내가 가장 소중하게 여기는 원칙인 '정직에 대한 평가를 받는 날'이기 때문이었다.

2005년 5월, 국제배드민턴연맹(IBF, 세계배드민턴연맹의 전신)의 회장이 되었을 때만 해도 나는 국제 스포츠 조직에 대해 잘 알지 못했다. 1997년 눈높이 여자 배드민턴단을 창단한 것이 계기가 되어 대한배드민턴협회장이 되었고, 곧바로 아시아배드민턴협회장의 자리에도 올랐다. 내가 세계배드민턴연맹 회장 자리에 오르게 된 데는 지난 20여 년간 세계 배드민턴계의 실력자로 활동해온 인도계 말레이시아인 펀치 구날란의 역할이 컸다. 그 와중에 6개월 동안 국내, 아시아, 세계 등 3개 배드민턴 조직의 수장직을 겸하고 있을 정도로 짧은 시간 안에 국제 배드민턴계의 중심으로 성큼 들어섰던 것이다.

회장직에 오른 뒤 한동안 나는 수석부회장인 구날란에게 연맹의 일을 일임하다시피 했다. 그만큼 그를 신뢰했다. 그런데 어느 날부터인지 그의 잘못된 행태가 눈에 띄기 시작했다. 사실 그것은 하루이틀 만에 생긴 게 아니었다. 지난 20여 년간 그는 옳지 못한 방법으로 회원국들을 회유하고 협박하면서 국제 배드민턴계에서 자신의 존재감을 키워왔던 것이다.

한번은 이런 일이 있었다. 2006년 5월 일본에서 총회가 개최되었는데, 당시 러시아협회는 내부적인 사정으로 갈등을 겪고 있었다. 그러자 러시아의 재력가이자 정치인이 새로운 협회를 만든 뒤 기존 협회는 무시하고 자신이 만든 협회를 인정해달라고 요구했다. 이에 러시아의 재력가와 친분이 있는 구날란은 이사회 임원들에게 충분한 설명도 하지 않은 채 새로운 협회가 인정받도록 하기 위해 온갖 편법을 동원했다.

그 모습을 보고 나는 구날란에게 크게 실망했다. 기존의 러시아협회가 대외적으로 잘못한 것도 아니고 내부 문제로 갈등을 겪고 있는데, 어떻게 하루아침에 자격을 박탈할 수 있는가. 그것은 상대의 약점을 이용해 나의 이득을 취하려는 비겁한 방식이다. 그래서 나는 공식석상에서 반대 의사를 분명히 밝혔고, 그날 이후 구날란과 나는 서로 다른 길을 걷게 되었다. 그 뒤 구날란과 나는 서로의 직위를 건 승부를 벌이게 되었다. 총성 없는 전쟁과도 같았던, 그 피 말리는 승부는 세계 배드민턴계를 발칵 뒤집어놓았다.

그렇게 나와 구날란의 대결이 점점 표면화되면서 세계배드민턴연맹 내에 작지만 중요한 변화가 일어났다. 그동안 구날란의 편에 서 있던 사람들은 그를 좋아해서라기보다는 그의 파워에 짓눌려 있었다. 그런데 내가 당당히 나서서 구날란에게 맞서고, 나의 말과 행동이 구날란보다 정당하다는 게 사실로 드러나자 그들이 내 편으로 돌아서기 시작한 것이다.

그러한 변화를 알아채고 위기를 느낀 구날란은 2008년 2월, 나에 대한 불신임 및 조기 퇴진을 안건으로 한 특별총회를 소집했다. 하지만 총회의 안건에 대한 회원국들의 여론이 그들에게 불리하게 돌아가자, 자칫 총회에서 역풍을 맞을 수도 있겠다고 판단하고 총회 개최를 취소했다. 그런 와중에 말레이시아 정부가 '여러 불미스러운 일들로 국가 망신을 시키고 있다'며 부회장직 사퇴를 권고하는 등 그의 입지는 점점 좁아지고 있었다.

상황이 악화되자 구날란은 내게 접근해 타협을 제의해왔다. 하지만 나는 일언지하에 거절했다. 불의와의 타협은 있을 수 없는 일이었다. 그가 세계배드민턴연맹에서 완전히 손을 뗄 때까지, 나는 그와 싸울 생각이었다. 그때도 그러했고 지금도 그러하지만, 구날란 개인에 대한 감정은 없다. 다만 세계배드민턴연맹이 투명하고 깨끗한 조직으로 거듭나려면 구날란과 같은 사람이 있어서는 안 된다고 판단한 것이었다.

그러던 차에 몽골배드민턴협회가 펀치 구날란에 대한 불신임 및 조기 퇴진을 정기총회의 안건으로 상정했다. 그리하여 마침내 정기총회에서 구날란에 대한 불신임 및 조기 퇴진을 묻는 투표를 진행하게 된 것이다. 구날란으로서는 자신의 사활을 건 투표이며, 세계배드민턴연맹으로서는 깨끗하고 투명한 조직으로 새롭게 태어나느냐 마느냐가 판가름되는 아주 중요한 투표였다. 나의 진심이 회원국들에게 어떻게 받아들여졌을까.

"이제 펀치 구날란 수석부회장의 불신임과 조기 퇴진에 대한 표결을 시작하겠습니다."

드디어 기다리던 순간이 다가왔다. 과연 어떤 결과가 나올지 가슴이 뛰기 시작했다. 구날란을 견제하고 세계배드민턴연맹을 개혁하기 위해 그동안 나는 온힘을 쏟아부었다. 1주일에 한 번씩, 혹은 한 달에 절반 이상씩 해외출장을 다닌 것도 회원국들에게 나의 의지를 알리고 지지를 이끌어내기 위해서였다.

그러나 상대는 구날란이었다. 1980년대 말부터 지금까지 20여 년간 세계배드민턴연맹을 장악해온 인물과 벌이는 한판 승부였다. 다들 그를 이기기 힘들 거라고, 결국 내가 물러나게 될 거라고 예상했다. 이제 그 결과가 나오는 순간이었다. 이윽고 회의장 전면 전광판에 투표 결과가 선명하게 나타났다.

찬성 142표, 반대 38표, 기권 7표.

펀치 구날란에 대한 불신임안은 압도적인 표차로 가결되었다. 지난 3년간 끌어온 지난한 싸움이 나의 승리로 끝나는 순간이었다. 아무런 사심 없이 공명정대하게 활동한 것이 회원국들의 지지를 이끌어낸 동기였다.

성실과 도덕성은 중요하다. 어떤 사심도 수반하지 않기 때문이다. 선한 마음으로 세상을 대하는 사람은 가장 아름다운 모습으로

타인의 존경을 받으며 살 수 있다.

　누군가 내게 당신의 경영 스타일은 무엇이냐고 묻는다면, 가장 성실한 모습으로 도덕적으로 사는 것이 35년 이상 대교를 성공적으로 이끌어온 나 강영중 스타일이라고 자신있게 말할 수 있다.

세상에서 가장 안전한 투자

———— '아무리 그럴듯해 보여도 성공 확률이 낮은 일은 시작하지도 마라.'

이것은 내가 사업을 하면서 갖게 된 신조다. 남에게 들을 때는 그럴듯했지만 요모조모 따져보니 성공 확률이 낮다고 생각되면 아예 시작하지 않는 게 좋다. 더구나 그 일의 성공이 의심되어 남에게 조언을 구할 정도라면 실패할 확률이 높으므로 시작하지 않아야 한다. 늘 무슨 일을 결정하거나 시작할 때는 냉정하게 자신의 감정을 파악해야 한다. 감정의 기복에 따라 결정하는 사람은 정확한 판단을 내릴 수 없다.

신중한 사람들은 성공 확률이 낮은 일에 뛰어들지 않는다. 그러므로 다른 이들보다 성공 확률이 높다. 언제나 이성적으로 판단했을 때 가능성이 높은 일에 집중해야 한다. '잘 될까?' 라는 의심이 드는 상황에서 그 일이 잘 마무리되는 경우는 드물다. 시작할 때 의심되는 부분은 그 일을 마무리할 때까지 당신을 괴롭힌다. 자신의 판단이 성급했다고 생각되면 당장 한 발 물러나 재고하라.

그런데 누군가 '당신 인생에서 최고의 재테크는 무엇이냐?' 고 묻는다면 나는 주저하지 않고 '내 인생에서 최고의 재테크는 바로 주식이다' 라고 말할 수 있다. 궁금하지 않은가? 성공 확률이 낮은 일을 싫어하는 내가 주식 투자라니 말이다.

사실 내가 투자한 종목은 미래가 밝은 어느 기업의 주식이 아니라 바로 '나' 라는 주식이다. 내가 살면서 가장 잘했던 주식 투자는 '나는 나라는 주식을 샀고, 지금까지 팔지 않았다' 는 것이다. 나는 긴 세월 동안 나 자신의 삶을 통해 최고의 가치투자를 실천한 셈이다.

이제 나는 당신에게 묻는다.

"당신이 주식이라면, 당신은 당신을 사겠는가?"

누구나 지금 자신의 자리에 오르기 위해 많은 투자를 했을 것이다. 돈과 시간, 노력, 몰입 등 수많은 것들을 오직 '성공' 이라는 목적을 달성하기 위해 투자했을 것이다. 그러나 생각처럼 빠르게 피드백이 오지 않으면 곧 실망하고, '지금 내가 뭘 위해 이러고 있나' 라고 스스로에게 물으며 배움을 갈구하는 삶에 회의를 느끼곤 한다.

배움은 선불이 아닌 후불제다. 당신이 배운 만큼 곧 막대한 이익이 되어 당신에게 돌아올 것이다. 그런 면에서 배움은 그 어떤 집이

나 주식보다 이익이 확실한 투자다. 누구라도 한 번쯤 '고수익이 보장되는 투자'라는 지면광고에 마음이 동요된 적이 있을 것이다. 그것들 중 대부분은 허황되거나 심하게 과장된 카피에 불과하다. 하지만 배움은 그렇지 않다. 배움으로 가득 찬 내 인생이 그것을 증명해준다. 나는 '배움이 전부다'라고 더욱 자신있게 말할 수 있다.

지금 당장 당신이라는 주식을 사라, 당신이 가지고 있는 모든 비용을 들여서! 그리고 당신 자신을 위해 투자하라, 머지않아 상한가를 치며 모두가 사고 싶어할 만큼 성장할 당신의 모습을 꿈꾸며! 그것이 바로 세상에서 가장 안전한 가치투자다.

1초도
헛되이 보내지 마라

500여 년 전 마키아벨리가 『로마사론』을 쓰면서 이런 말을 했다.

"요즘 사람들은 역사를 좋아하면서도 배우려 하진 않는다."

좋아하지만 배우려 하지는 않는다. 과연 어떤 의미로 한 말일까? 마키아벨리가 말한 의미는 이렇다.

사람들이 영웅들의 이야기는 듣고 싶어하면서도 실제로 그들이 어떻게 국민을 지배했고, 전쟁에서 승리하고, 자기관리는 어떻게 했는지를 배우려 하지 않는다는 것이다. 500년 전이나 지금이나 그러한 태도는 마찬가지인 것 같다. 역사드라마가 화제로 떠오르고, 역사소설과 그들의 이야기를 다룬 책은 큰 인기를 끌고 있지만 정작 중요한 것이 빠져 있다. 바로 어떻게 하면 그들처럼 살 수 있는

가를 배우려는 의지가 빠져 있는 것이다.

누군가를 좋아하는 데서 그치면 아무런 의미가 없다. 당신이 좋아하는 사람이 어떻게 살아왔고, 어떤 업적이 당신의 마음을 끌어당겼으며, 어떻게 하면 당신도 그런 사람이 될 수 있는지 끊임없이 생각하고 고민해야 한다. 나아가 그런 사람이 되기 위해 노력해야 한다. 배움의 끈을 놓지 않아야 하는 것이다.

깨어 있는 동안 나는 단 1초도 생각을 멈추지 않는다. 어느 분야로 진출할지, 어떤 인재를 뽑아야 할지, 기존의 사업을 어떻게 더 지속 성장이 가능하게 만들지 등 경영에 대한 생각을 수시로 메모한다.

경영에 조금이라도 도움이 되는 아이디어를 떠올리기 위해 나는 세계 구석구석을 여행하고 다양한 사람들을 만난다. 1년 중 4개월 이상 해외에 머문다. 세계는 나의 교실이고 다양한 사람들과 문화는 나의 선생들이다. 각양각색의 광고와 지나가는 사람들의 이야기를 들으며 요즘 사람들의 관심사도 알 수 있고, 번뜩이는 아이디어를 떠올릴 수도 있다. 경영자는 자신의 회사만 생각해서는 안 된다. 시대의 흐름과 사람들의 생각을 읽어내야 한다. 결국 그것이 회사가 이익을 창출하는 데 도움을 주기 때문이다.

나는 비행기에 앉아 있을 때도, 누군가와 술 한잔할 때도 배운다. 잠시도 나를 가만두지 않아야 경영자로서의 능력과 감각이 사라지지 않는다고 확신하기 때문이다. 그래서 늘 공부하고 일에 대한 나의 생각이 끊어지지 않기 위해 노력하는 것이다. 마음을 쓴다는 것은 잊지 않고 생각한다는 것이다. 이러한 삶의 자세가 자신의 인생을 더욱 행복하게 만들고, 자신의 명예와 지위를 높이는 데도 큰 역할을 할 것이다.

인격부터 갖추어라

⸎

──── 무슨 일을 시작하든 가장 먼저 갖춰야 할 것은 인격이다. 다시 말해 '인간이 되어야 한다'는 것이다. 물론 성공은 감탄을 불러일으키지만, 인격은 존경심을 불러일으킨다.

당신은 무엇을 선택할 것인가?

내가 생각하기에 가장 위험한 성공은 인격을 갖추지 못한 자의 성공이다. 사람들은 그의 성공을 보고 달려들겠지만 인격이 갖춰지지 않은 자의 성공은 수명이 길지 않다. 곧 나락으로 빠져들 테고 오직 '성공'이라는 매력에 빠져 달려갔던 사람들은 그제야 그의 본질을 보게 될 것이다. 사람들은 그를 손가락질하며 하나둘 떠나갈 것이다. 인격이라는 기본이 없었던 그는 사람들이 퍼붓는 비난의 목소리를 들으며 자책하고, 다시는 일어설 수 없을 만큼 절망에 빠질 것이다.

한순간 웃는 자가 아니라 마지막까지 웃는 자가 되기 위해 당신이 먼저 갖춰야 할 것은 만 권의 책이 꽂혀 있는 서재도 아니고, 1주일에 열 권을 읽는 독서량도 아니고, 남부럽지 않은 화려한 인맥도 아니고, 잠자는 시간을 줄여가며 매달리는 공부도 아니다. 책과 지식, 인맥, 공부가 당신의 정신을 성장시키지는 않는다. 당신에게 필요한 것은 바로 인격이다. 무슨 일이든 인격을 갖추지 않고 시작하면 당신에게 축적되지 않기 때문이다.

나는 사업을 하면서 늘 '세상을 움직이는 건 인격'임을 실감한다. 사회나 고객으로부터 손가락질이 아니라 존경을 받는 기업, 숨겨야 할 게 많은 기업이 아니라 투명하고 떳떳한 기업을 만들겠다는 것은 나의 오랜 소망이자 의지였다. 사람에게 인격이 있듯 기업에도 인격이 있다. 이름만 떠올려도 어느 기업은 고객들에게 부도덕한 기업으로, 어느 기업은 도덕적인 기업으로 인식된다. 그것이 바로 기업이 가진 인격이다.

나는 경영뿐 아니라 개인적인 생활에서도 도덕성에 흠집이 나지 않도록 언제나 신경을 쓴다. 외국에 나가 있거나 나를 알아보는 사람이 없는 곳에서도 마음을 흐트러뜨리지 않고 평소처럼 조심하고 긴장한다. 교육 사업은 내게 종교와도 같다. 아이들을 가르치면서 모범이 되지 못한다면 남 보기에도 부끄럽고, 무엇보다 나 스스로 용납할 수가 없다.

돈에 관해서 나는 철두철미하다. 어떤 일이 있어도 개인 카드와 법인 카드를 철저히 구분해 사용한다. 주머닛돈이 쌈짓돈이라는 식의 셈법은 나에게 통하지 않는다. 수학을 가르친 적이 있어서인지 직원들이 수치로 보고할 때면 늘 한 번 더 확인한다. 얼마 전 직원에게 현금을 주고 계좌이체를 부탁했다. 그는 남은 돈을 내게 건넸고, 나는 10원 단위까지 계산해서 받았다. 그 직원이 웃으며 내게 물었다.

"회장님, 심부름값은 안 주십니까?"

나는 웃음으로 대답을 대신했다.

나는 경영, 특히 돈에 대해 숨기는 것이 전혀 없다. 매출을 속이고 세금을 탈루한 적도 없고, 그 흔한 비자금을 조성해본 적도 없다. 1996년과 1997년에 연이어 세무조사를 받았다. 국세청 직원들이 45일 동안 와서 살다시피 했는데 아무것도 나오지 않았다. 세무조사를 나올 때는 무언가 하나 잡아내겠다는 목표를 갖고 있는데 성과가 없으니 그들도 난감한 모양이었다.

"돌아가서 보고를 해야 하는데, 아무것도 없네요."

"저희는 깨끗합니다. 제 경영방침이 그렇습니다."

"이것 참 곤란하군요……."

"뭐가요?"

"저희가 세무조사를 나올 때는 어느 정도 탈루가 있을 거라고 예상하지요. 대부분 그 예상이 맞고요. 하지만 대교는 정말 아무것도 없네요."

국세청 직원도 대교를 청렴한 기업으로 인정하는 순간이었다. 깨끗한 기업, 존경받는 기업, 사람을 소중히 여기는 기업. 그리하여 인격이 있는 기업으로 통용되는 대교. 이는 내가 늘 강조하는 점이고, 내 삶은 이를 실천하기 위해 노력해온 과정이었다. 경영을 해오면서 나는 정도를 벗어난 적이 없고, 법을 어긴 적도 없으며, 누군가를 속인 적도 없다. 아무리 어려워도 힘 있는 곳에 청탁을 해본 적도 없다. 물론 청탁을 받지도 않는다. 언제부턴가 설이나 추석 등 사람들이 많이 찾아오는 명절이 되면 나는 슬그머니 한국을 뜬다. 대개 가까운 일본에서 새로운 구상을 한다. 명절이라고 '인사'를 받지도 하지도 않는다.

고집스러울 만큼 원칙을 지키고 술수와 편법을 쓰지 않는 것은 존경받는 기업이 되기 위한 방침이기도 하지만, 아버지로부터 물려받은 성격 탓이기도 하다. 아버지는 고지식할 정도로 인격을 갖춘 분이었다. 지금도 어머니는 '꽉 막히고 미련한 사람'이라는 표현으로 아버지의 지나친 정직함을 홍보하실 정도다.

한번은 어머니가 이런 이야기를 들려주었다. 6·25전쟁 전에 아버지가 땅을 샀는데, 전쟁 중에 땅 문서를 잃어버렸다. 그로부터 십수 년이 지나 돈이 필요해진 아버지는 대출을 받기 위해 은행을 찾아갔지만 건물대장과 토지대장이 달라 거절을 당했다. 주위에서는 다들 등기를 해도 상관없다, 땅 문서가 없어도 내 땅이라고 주장하면 된다고 조언했다. 하지만 아버지는 차마 그러지 못해 막대한 손실을 입었다.

또 이런 일도 있었다. 무슨 일인가로 아버지가 재판에 연루되었는데, 변호사가 말하지 말라고 한 말까지 하는 바람에 패소하고 말았다. 그 말을 하지 않는 것은 재판에 임하는 전략이었는데, 아버지의 양심은 그것조차 용납할 수 없었던 것이다.

나는 그런 아버지를 늘 존경했다. 그리고 내 안에 그분의 기질이 고스란히 흐르고 있어서 부정이나 부패나 불의를 참지 못한다. 타협하지 않고 돌아가지 않으며 술수 쓰지 않는 것, 원칙에 충실하고 괜한 기교를 부리지 않으며 가장 근원적인 문제를 상식적으로 생각하는 것, 그것이 기업의 인격이 되어 대교를 이만큼 성장시킬 수 있었던 비결이다.

나 자신이 정한 원칙을 지킬 때 올바르게 판단할 수 있고, 아쉬움과 후회가 남지 않는다. 또한 그렇게 했을 때만이 상대보다 우위에 설 수 있다. 도덕성과 능력을 별개로 여기는 사람들이 있는데, 그것은 잘못된 생각이다. 정말로 능력 있는 사람은 도덕적인 사람이다. 성공을 위해 수단과 방법을 가리지 않고 중상모략을 일삼으며 부정부패에 물든 사람은 무능한 사람이다. 성공은 정직하게 이루는 것이다. 그래서 나는 대교가 '한국의 50대 우량 대기업'에 선정된 것이나 내가 우리나라 10대 부자에 오른 것보다 '존경받는 기업 대상'에 선정된 것과 '한국 소비자의 신뢰 기업 대상'을 3년 연속 수상한 것이 훨씬 더 자랑스럽다.

이 세상은 거대한 책이다

§

───── 세상에는 성공한 사람들에 대한 책이 많이 나와 있다. 그 책들 중 대부분은 하나같이 열심히 일하라고 강조한다. 그 책의 저자에게 나는 이렇게 묻고 싶다.

"대체 어떤 방법으로 열심히 일하라는 건가?"

실제로 그 많은 책에서 열정이나 꿈을 강조하며 열심히 일하라고 하면서 그 구체적인 노하우는 찾아볼 수 없다. 하지만 나는 이 책에서 배움이라는 툴을 분명하게 제시한다. 그리고 세부적으로 제시하는 또 하나는 생활 속에서의 배움이다. 앞에서도 말했듯이 우리는 너무나 바쁘게 살고 있기 때문에 배움을 위해 따로 시간을 내기 힘들다. 그리고 돈과 시간이 넉넉하다면 누구나 할 수 있는 학원 교습과 같은 것은 배움이라고 보기 힘들다. 누구나 하고 있는 데서 차별화하기란 불가능하기 때문이다. 그렇다면 답은 간단하다. 남들이 전혀 상상하지 못하는 장소와 시간에서 배움을 찾아내는 것이다.

실제로 크게 성공한 사람들은 남들과 비슷한 장소에서 배움을 발견한 게 아니라 남들이 전혀 생각지도 못한 사소한 데서 배움을 발견했다. 그들은 사소한 것들을 그냥 지나치지 않고 사업이나 업무에 적용시켜 자신의 능력을 배가시켰다. 그들은 늘 남들과 다른 배움의 자세로 살기 때문에, 스쳐갈 수 있는 사소한 데서도 배움을 얻은 것이다.

예를 들어 당신이 가끔 하고 있는 운동에서도 배움을 발견할 수 있다. 영화를 보거나 음악을 들을 때도 마찬가지다. 문제는 영화나 음악, 그리고 운동이 아니라 그것을 보거나 듣거나 실천하고 있는 당신의 태도다. 아주 사소한 움직임에서도 배움은 존재한다.

평소 친분이 있는 기업인을 보면서 나는 사소한 데서 배움을 발견하는 그들의 능력에 놀랄 때가 있다. 그들은 열린 마음으로 언제 어디서나 배움을 발견하고, 그것을 자신의 사업에 효율적으로 적용해 최고의 성과를 올리곤 한다.

당신도 가능하다. 이제 당신이 활동하고 있는 모든 부분에서 배움을 발견할 수 있음을 명심하라. 그 배움이 사소했던 당신의 시작을 위대하게 만들 수 있다.

책을 통해 배움을 구할 수는 있지만 그것이 전부는 아니다. 모두가 읽는 책으로 배움을 구할 수 있다면, 그 배움은 경쟁력이 될 수 없다. 다산 정약용은 '배움이란 한 모서리를 들어 전체를 뒤집을 수 있어야 한다'고 말했다. 즉 하나를 배워 하나만 안다면, 그것은 정말 피곤한 배움인 것이다. 하나를 배워 둘을 알고 열을 알려면 안목이 열려 있어야 한다. 모든 것을 받아들이겠다는 삶의 태도를 가지고 있어야 한다. 당신 주변의 모든 것을 그냥 지나쳐서는 안 된다. 그 모든 것에서 의미를 파악하고, 배울 만한 게 있다면 붙들고 놓지 않아야 한다.

나는 책을 즐겨 읽지만 그것이 전부라고 생각하진 않는다. 내겐 지금 이 상황도, 저녁 약속도 하나의 책이다. 이 상황과 그들과의 만남을 책의 목차처럼 기억하고 배운다. 자동차나 비행기를 타고 이동할 때마다 책을 읽지만, 책에서만 배움을 구할 수 있다면 다른 일로 바빠 책 읽을 시간이 부족한 내겐 평생 배움이 허락되지 않을 것이다. 하지만 나는 이 세상의 모든 것이 책이라고 생각한다. 그것이 바로 나의 경쟁력이다.

기적을 일으켜라

목표를 정했으면 주변에 어떤 걸림돌이 있더라도 매진해야 한다. 결정한 일을 앞에 두고 실패할 가능성을 생각하는 것은 어리석은 짓이다. 그것이 실패 확률을 기하급수적으로 높이는 데 결정적인 역할을 하기 때문이다. 결심은 시간이 갈수록 단단해져 그 누구도 파괴할 수 없어야 한다. 그래야 성공 가능성이 높아진다.

다른 사람의 훈수나 경쟁자의 큰 성공에 흔들려서는 안 된다. 확고한 의지를 보여주지 못하는 사람은 언제나 남의 말에 이끌려 다닐 뿐이다. 늘 앞으로 나아가기 위한 생각과 행동을 해야 하는데, 그런 사람들은 현상 유지에만 급급하기 때문이다. 한번 목표를 정했으면 아무리 힘든 상황이라도 혼신의 힘을 다해 앞으로 나아가야 성취할 수 있다. 내가 생각하는 기적은 그렇게 만들어지는 것이다.

처음 종암교실을 열고 한 해, 두 해가 지나면서 나는 매일 기적과 같은 일을 경험했다. 네 평 남짓 되는 허름한 공간에서 시작된 내 작은 꿈은 종암동 일대에서 입소문을 타고 서울 시내 곳곳으로 퍼져 나갔다. 돈암, 안암, 남가좌, 성북, 연희, 한강, 여의, 서교, 성산, 장위, 을지, 현대, 동부이촌 등이 종암교실을 연 지 1년 6개월 만에 새로 생긴 20개 지역 교실의 이름이다. 한 교실당 정원을 열두 명으로 정했고, 나를 비롯한 동생 셋이 각각 하루 평균 5개 교실을 맡았지만 더는 감당할 수 없었다. 교사를 모집해야 했다.

이런 성과를 바탕으로 1976년 2월에는 작은아버지 소유인 일본 오사카의 한 건물에 재일교포들을 대상으로 쯔루하시 교실을 개설했고, 두 달 뒤에는 영남문화센터를 건립했다. 처음엔 구몬수학이 현해탄을 건너왔지만, 이제는 공문수학의 새로운 꿈이 현해탄을 건너간 것이었다.

그해 여름에는 잊을 수 없는 일이 여럿 있었다. 처음으로 신문에 교사채용공고를 내고 대졸 공채 교사 세 명을 선발했다. 지금은 2만 명에 가까운 눈높이 교사, 그 첫 교사는 나였고, 그 뒤는 내 동생 셋이었으며, 이때 선발한 세 명이 공채 교사의 시작이었다.

어느새 나는 텔레비전에 출연할 정도로 유명해져 있었다. 그해 8월, 무더위 속에서 나는 정장에 넥타이까지 매고 일본 구몬수학의 도루 회장과 함께 MBC와 TBC에 출연해 실제 사례를 들며 공문수학의 장점을 설명했다. 요즘이야 매체도 많고 기회도 많아 일반 시민들도 텔레비전에 얼굴을 비추는 데 어색해하지 않지만, 그때는 나 같은 진주 촌놈이 텔레비전에 나오는 것 자체가 어리둥절한 사건이었다.

서울 전 지역에서 회원 수가 늘어나면서 교사도 수시로 선발해야 했다. 자연히 사무실 공간이 비좁아져 1977년 10월에는 강남구 신사동으로, 1979년 4월에는 압구정동으로 확장 이전했다. 당시 급속한 성장 속에 '교육 1번지'로 자리잡아가던 강남지역으로의 이전은 사무실 확장 이상의 의미가 있었다. 압구정동 사옥 이전 직후 나는 작은아버지로부터 한국공문수학연구회 사업을 정식으로 인수해 사무국장에 취임했다. 이 무렵부터 사옥 지하에 인쇄실을 두고 교재와 간행물을 자체적으로 발간했다. 이때 회원 수는 약 1,000명이었다.

그러한 성장에도 나는 자만하지 않았다. 처음에 단 세 명의 아이에게 쏟은 정성과 애정은 10명, 100명, 1,000명에 이르기까지 단 한 번도 변한 적이 없었다. 물론 100명을 넘고 1,000명에 이르면서 내가 그 모든 아이를 가르칠 수는 없었다. 하지만 나는 등사기로 교재를 만들고 마스터로 참고자료를 인쇄하면서도, 아이들의 학부모와 상담하면서도 내 본분은 교사임을 잠시도 잊지 않았고 언제나 칠판 앞에 서 있었다. 약속을 지키지 않으면 매를 들었고, 회원이 다 빠져나가는 한이 있더라도 혼낼 일은 혼낸다는 생각 그대로였다.

나는 1975년부터 몇 년 동안 이어졌던 성과가 누군가에 의해 기적으로 불리는 게 달갑지 않다. 누군가 굳이 그렇게 부르고 싶다면 '예견된'이라는 수식어를 붙여주길 바라는 마음이다. 기적의 사전적인 의미는 '초자연적인 힘이나 신의 힘이 작용했다고 하지 않으면 설명할 수 없는 비상하고 놀라운 사건'이다. 그러나 기적은 누구에게나 일어날 수 있다. 그것은 준비하는 자의 몫이다.

행운은 절대 우연이 아니다. 하지만 사람들은 누군가의 성공을 바라보며 '정말 운이 좋네'라고 생각해버린다. 이것은 너무나 위험한 발상이다. 타인의 성공을 모두 운으로 치부해버린다면, 그들의 성공 이야기에서 배울 수 있는 게 하나도 없기 때문이다.

결국 많은 사람들은 운이 없어 자신이 성공하지 못한다고 생각하게 된다. 운이 없다는 생각은 가장 좋은 변명이 된다. 또한 실패에 따른 책임 회피로도 쓰일 수 있다.

나는 내가 이렇게 성공할 것이라고 확신했다. 그것은 나의 자만이 절대 아니다. 많이 배울수록 운이 점점 좋아질 거라고 생각했기 때문이다. 그렇다. 행운은 많이 배운 사람에게 찾아오는 예정된 선물이다. 배움의 속도를 빨리 하면 행운도 더 빨리 당신을 찾아온다.

기적을 원하는가? 기적이 일어나기를 바라는 분야가 있는가? 스스로 그 질문을 던지고, 기적을 원한다면 바로 그 분야에서 가장 필요한 노력을 시작하라. 실천하지 않는 긍정의 힘이나 알 수 없는 신의 힘이 아닌, 바로 당신 자신의 노력이 세상에서 가장 놀라운 기적을 일으킬 것이다.

나를 위해 일하는 사람들에게 아낌없이 투자하라

배움은 성공하기 위한 훈련이다. 그러므로 조금이라도 더 젊을 때 시작해야 한다. 어떤 일이든 기술과 노하우를 자기 것으로 만들려면 배움의 시간이 많이 필요하다. 그런 만큼 집중력과 힘을 최대한 쏟을 수 있는 젊은 날에 파고들어야 성공 확률이 높아진다.

지금까지 내가 사업을 하면서 많은 시련을 겪어야 했지만 무너지지 않고 회사를 키워올 수 있었던 비결은 끊임없는 배움에 있다. 사업이 위기를 맞을 때마다 착실하게 쌓아둔 배움 덕분에 극복할 수 있었다.

그래서 나는 직원들에게 조금이라도 더 배움의 기회를 주기 위해 노력한다. 젊은 그들이 지금 배우는 것들은 머지않아 그들의 삶에 큰 힘이 될 것이기 때문이다.

1994년 3월 3일, 제1회 부설 전문대학원 학위 수여식이 열리는 날이었다. 나는 다른 일정을 취소하고 기쁜 마음으로 학위 수여식장으로 달려갔다. 졸업 가운을 입고 사각모를 쓴 졸업생 열세 명의 얼굴은 지적 충만함과 쉽지 않은 과정을 끝냈다는 자긍심으로 밝게 빛나고 있었다. 마치 내가 학위를 받는 것처럼 뿌듯했다. 대학원장으로서 나는 한 사람, 한 사람에게 졸업장을 수여하고 손을 굳게 잡으며 축하의 인사를 건넸다.

아마도 그들은 졸업장을 받기 위해 많은 노력을 했을 것이다. 대학을 졸업한 지가 벌써 몇 년이나 흘렀던가. 게다가 회원을 관리하고 직장생활을 하느라 다시 공부를 시작한다는 게 무척이나 힘들었을 것이다. 일하랴 공부하랴, 출근하랴 강의 들으러 가랴, 시간을 쪼개고 에너지를 나눠 3년 동안 꾸준히 석사과정을 밟아오기까지 수많은 고비를 감내했을 것이다.

나 역시 지금까지 쉬지 않고 공부해왔기 때문에 그들이 느끼는 배움의 기쁨을 잘 안다. 나는 사업이 불안정할 땐 현장에서 배웠지만, 사업이 안정된 뒤로는 이론적인 부족함을 느끼고 학교에서 배움을 얻었다. 1987년 연세대 교육대학원에서 교육행정으로 석사학위를 받은 이후 서울대 최고경영자 과정, 고려대 정책대학원 노사관계 과정, 한국과학기술원 최고정보경영자 과정 등 모두 열두 개의 특수대학원을 다녔다. 특허 법무, 언론 홍보 등 경영에 직접적인 도움이 되는 분야는 물론이고 문화와 예술에 대한 식견을 높이기 위해

와인부터 미술, 음악까지 두루 배우러 다녔다.

그렇게 학교에 다니면서 느낀 게 있는데, 어떤 경영자들은 학문보다 친목과 비즈니스를 위해 대학원에 다녔다. 하지만 그들과 나는 길이 달랐다. 나는 정말로 뭔가 배우고 싶어서 학교 문을 두드렸다. 나의 부족함을 배움으로 채우려는 마음에서였다. 나는 별다른 준비 없이 창업을 하고 사업을 키워나가다 대주주가 되고 최고 의사결정 권자가 되었다. 회사 규모가 커질수록 최고경영자에게 필요한 자질이 부족하다고 늘 느껴왔다. 앞으로도 배움의 기회를 놓치지 않을 것이다. 여전히 나는 부족하고, 배워야 할 것은 끝이 없기 때문이다.

내가 배울 수 있는 공간을 만들어 직원들에게 배움의 기회를 주는 이유는 나의 좌우명이 가르치며 배우며 함께 성장한다는 교학상장(敎學相長)이기 때문이다. 공부는 평생 동안 해야 하는 것이다. 공부는 학교 졸업과 함께 끝나는 것이 아니라 그때부터 시작하는 것이다. 예전처럼 대학교를 졸업했다고 지식인이 되는 것도 아니다. 국민의 80퍼센트가 대학교를 졸업하는 요즘, 대학 교육은 이제 엘리트 교육이 아니라 대중적이고 보편적인 교육이 되었다.

급속도로 변해가는 세상을 살아가려면 대학교를 졸업하고 사회에 나와서도 끊임없이 공부해야 한다. 나는 보다 많은 이들에게 교육의 기회를 주고 싶었다. 부설 전문대학원을 운영하려면 비용이 많이 들지만, 직원들이 학비 걱정 없이 마음껏 공부하도록 지원하고 싶었다. 한국의 교육을 위해 열심히 일하는 그들에게 배움의 기회를 제공하며 그 보답을 하고 싶었다.

　나는 사내에 전문대학원뿐만 아니라 대학도 설립했다. 서무 및 경리 업무를 맡고 있는 여직원들을 위해서였다. 집안이 가난해서, 혹은 다른 이유로 대학 진학을 못하고 사회에 나온 여직원들에게 배움의 기회를 주고 진급의 기회도 주고 싶었다. 청소년기에 교육받을 기회를 놓쳤다고 어른이 된 뒤에도 그런 기회를 갖지 못한다면 너무 불공평하지 않은가. 그래서 대학 교수들을 초빙해 대학과 똑같은 양질의 교육을 제공하기로 했다. 교육학과 심리학을 통합해 교육심리학 과정을 개설하고, 2년짜리 프로그램을 만들었다. 근무를 하면서 공부해야 하기 때문에 주로 통신교육을 실시했으며, 정기적으로 오프라인 강의가 있었다. 그렇게 일정 과정을 이수하고 졸업하면 눈높이 교사로 전환할 수 있었다.

　사내 대학을 경험한 이들은 다들 교육의 질에 만족하고 공부하는 데 보람을 느꼈다. 하지만 몇 년 지나 문을 닫아야 했다. 애초의 예상보다 공부를 하고 싶어하는 직원이 적었기 때문이다. 일과 공부를 병행하기 힘든데다 정규 대학이 아니라는 점도 입학률이 높지 않은 이유였던 것 같다.

　때문에 편의성을 위해 전문대학원은 1997년에 사이버대학원으로 계승되었다. 자문교수 등을 교수진으로 하여 국내 최초의 경영정보(MIS) 단기 과정을 개설했다. PC통신과 인터넷으로 원하는 시간, 원하는 장소에서 학습할 수 있다는 것은 당시만 해도 매우 참신한 방식이었다. 차세대 리더를 육성하기 위한 외부 교육 지원도 끊이지 않았다. 몇 년 전 6개월간 연세대에서 MBA 과정을 밟고 온 여성 임원은 지금도 그때를 잊을 수 없다고 말한다.

"회사에서 6개월간 급여를 제공하면서 공부를 시켜주니 고마웠죠. 25년 만에 다시 캠퍼스를 밟아보는 느낌, 다시 강의를 듣는 느낌, 다시 학생이 된 느낌이 너무 좋았습니다."

대교는 매년 직원들의 교육훈련비로 전체 매출의 2퍼센트를 사용하고 있다. 나는 공부하는 사람이 좋다. 그들은 고스란히 대교의 가장 든든한 자산이 될 것이기 때문이다. 나는 지식에 투자하면 최고의 이자가 붙어온다는 말을 믿고 있다. 교육 투자가 회사에 가장 효과적인 투자이고, 직원에게 가장 좋은 복리라고 확신한다.

가슴 뛰는
성공의 순간을 상상하라

성공을 시각화하는 것은 우리의 가장 강력한 능력이다. 모든 성공의 시작은 마음속의 그림에서 비롯된다. 마음속의 그림을 변화시키면, 외부 세계가 그에 따라 변하기 시작하고 결국 마음속 그림과 일치하게 된다.

시각화는 목표를 성취하는 데 필요한 모든 것을 끌어들이는 인력의 법칙을 작동시킨다. 필요한 사람과 상황 등 모든 것이 당신에게 안길 것이다. 그래서 사실보다는 상상의 힘이 더 중요한 것이다.

미국의 초대 대통령인 조지 워싱턴은 대부분의 사람들에게 미국의 수립 과정에서 가장 중요한 인물로 평가받고 있다. 그는 대통령을 꿈꿀 수조차 없는 불우한 가정환경에서 성장했다. 그렇지만 그는 다른 사람들보다 많이 가진 게 있었다. 그것은 바로 야망이었다.

어린 시절부터 그는 불우한 환경을 이겨내고 성공하려면 품성과 인격을 갈고 닦아야 한다고 생각했다.

그는 몇 년 동안 매주 시각화를 행동으로 옮겼다. 그는 자신이 만들고 싶은 특성이나 자질을 생각한 다음 그 모습을 상상하고 떠올렸다. 어떤 사람을 만나더라도 그는 자기 내면의 거울을 떠올리며 어떻게 행동해야 하는지 미리 바라본 다음, 그 이상적인 내면의 그림과 일치되게 행동했다. 시간이 흐르면서 그러한 마음속 그림들은 그의 잠재의식에 깊이 새겨졌고, 그는 그 습관에 완전히 동화되었다. 그리고 그 모든 게 끝났을 무렵 그는 아메리카 식민지 사회에서 가장 정중하고 예의바른 사람으로 인정받고 있었다.

사람들이 내게 종종 이런 질문을 던진다.

"이처럼 튼튼하고 유망한 기업으로 키운 비결이 무엇입니까?"

나는 끊임없는 배움 말고 또 하나가 있다면서 이렇게 대답해준다.

"개인적으로 자기암시를 자주 하는 편이지요. 사업을 시작했을 때부터 지금까지도, 어떤 일을 시작할 때나 어려움에 닥칠 때마다 자기암시를 합니다."

"매우 흥미롭군요. 회장님의 그 자기암시는 무엇인가요?"

"평범합니다. 특별한 게 없어요. 그저 '나는 성공할 수 있다', '내가 지금 쓰고 있는 능력은 신(神)에게서 부여받은 것의 5퍼센트도 안 된다', 이겁니다."

나는 부모님으로부터 많은 재산을 물려받지 못했다. 다른 사람들처럼 많이 공부하거나 사업 경험이 풍부하거나 해박한 지식을 가지고 있지도 않았다. 그렇지만 정말 열심히 노력했다. 그런 와중에 혼자서 자기암시의 말을 되풀이하며 나 스스로 동기를 부여하고 자신감을 잃지 않으려 했다. 이러한 자기암시는 '나는 반드시 해내고야 말겠다'는 열정을 불러일으켰고, 어려운 상황들을 극복할 수 있는 힘이 되었다.

물론 내가 강조하는 긍정의 힘이란 아무런 노력도 하지 않은 상태에서 말하는 '잘 될 거야'가 아니다. 세상의 많은 사람들은 '잘 되겠지'라는 허황된 생각을 하다가 자신의 길을 잃고 다시는 돌이킬 수 없는 곳으로 간다.

생각해보라. 지금 두 사람이 어두운 길을 걷고 있다. 이때 한 사람은 무작정 '잘 되겠지'라며 아무렇게나 길을 걸어가면 목적지에 도달할 거라고 생각하고, 또 한 사람은 과거에 배운 '별의 움직임을 이용한 길 찾기'를 떠올리며 자신이 원하는 방향으로 걸어가고 있다. 과연 누가 먼저 목적지에 도착하겠는가? 그 답은 어렵지 않게 맞힐 수 있다. 별의 움직임을 모르는 사람은 어두운 밤에 다닐 수 없고, 조류의 움직임을 모르는 사람은 바다에서 길을 잃게 된다.

보통사람들은 위대한 사람을 보면서 그들의 업적에 존경심을 나타내지만, 배우는 사람은 거기에 그치지 않는다. 배우는 사람은 자신도 언젠가 그들처럼 위대해질 수 있다고 확신하면서 끊임없이 더 배우려는 도전정신을 불태운다. '나도 할 수 있어!'라는 생각은 누구에게서나 찾아볼 수 있는 것이 아니다. 오직 오늘보다 아름다운 내일을 만들기 위해 배움에 탐닉하는 사람에게만 그 능력이 주어진다.

피겨스케이팅 경기 중계를 시청하다 보면 가끔 피겨스케이팅 선수들이 앉아 휴식을 취하는 장면이 나오는데, 그들은 절대 눈을 감고 쉬고 있는 게 아니다. 그들은 음악을 들으며 얼음 위에서 스케이트를 타는 자신의 모습을 상상한다. 이렇게 마음속으로 스케이트를 타면 넘어지거나 실수를 하지 않는다. 실제로 그들은 실전에 들어가기 전에 이런 방법으로 잠재의식을 다스린다. 그러면 경기에서 좀 더 부드럽고 유연하게 연기를 펼칠 수 있다고 한다.

당신도 한번 시도해보라. 자신이 가장 잘했던 순간을 떠올리고, 최고의 성과를 올리는 자기 모습을 상상하면 정말 그렇게 된다. 당신이 꿈꾸는 그대로 정신을 프로그래밍하는 것이다. 모두의 박수를 받는 가슴 뛰는 성공의 순간을 지금 한번 상상해보라. 머지않아 벅찬 그 순간이 당신에게 찾아올 것이다.

내가 사장이라
생각하고 일하라

——— 회사에서 가장 중요한 결정은 가장 많은 책임을 지고 있는 CEO가 할 수밖에 없다. 그래서 기업을 이끄는 CEO는 특별히 결정할 일이 없어도 굉장히 많은 고민을 하며 살아간다. 늘 오늘 했던 일과 내일 해야 할 일, 혹은 다음 달에 해야 할 일을 생각하게 된다. 그래서 결정적인 순간에는 오히려 고민하지 않고 답을 내게 된다.

중대한 결정을 내리는 경우 사람들은 오래 고민해야 한다고 생각하는데, 보통 조직의 최고책임자들에게 질문하면 바로바로 답이 나온다. 그것은 지금 하고 있는 일이 자기 일이라고 생각하는 주인의식 때문이다. 그래서 늘 그 문제에 대해 깊이 고민하고 있기 때문에 순간적인 질문에도 답이 금방 나올 수밖에 없다. 세상의 모든 CEO들에게는 모든 문제에 대한 답이 자신의 몸에 선명하게 기억

되어 있다.

그래서 그들은 회사가 어려울 때 굉장히 창의적인 아이디어를 내어 위기를 모면하기도 한다. 이는 절대 어느 날 갑자기 튀어나오는 게 아니다. 과거에 그가 끊임없이 생각했던 파일 중 하나가 순간적으로 나와 창의적인 답이 된 것이다. 이런 사례에서 알 수 있듯 계속 생각하고 고민하면서 그것들을 머릿속에 파일로 저장해두면 언젠가 큰 힘이 된다.

뉴턴은 누구도 의심할 수 없을 정도로 위대한 업적을 이룬 과학자다. 또한 그는 천재적인 지능의 소유자였지만 어떻게 해서 그런 굉장한 발견을 했느냐는 질문을 받으면 늘 이렇게 대답했다.

"항상 그것에 대해 생각했기 때문입니다."

이 말은 그저 겸손한 표현만은 아니다. 그는 자신의 연구방식에 대해 이렇게 말한 적이 있다.

"지금 하고 있는 일을 끊임없이 생각하면서 새벽빛이 서서히 대낮같이 분명하고 환한 빛이 될 때까지 기다린다."

세상의 모든 성공자들처럼 뉴턴 역시 몰입하고 기다림으로써 위대한 업적을 만들어냈다. 생각하는 일은 어려운 일이다. 그래서 많은 사람들이 생각하지 않고 무작정 일을 처리하게 된다. 그만큼 실패할 확률이 높아지는 것이다. 하지만 자기가 다니고 있는 회사의 사장이 자신이라고 생각해보라. 아무 생각 없이 일을 처리할 수 있겠는가?

사장의 마인드로 일을 하라는 것은 그저 내가 한 그룹의 회장이라서 강조하는 덕목은 아니다. 경영자는 항상 현재와 먼 미래라는 두 개의 시간을 고려하지 않으면 안 된다. 미래의 환경 변화, 과학기술의 발전이 가져올 변화를 꿰뚫어보는 통찰력을 갖고 있어야 한다. 그러한 통찰력을 기르려면 틈틈이 낯선 분야의 책을 읽으며 사고의 폭을 넓히고, 그 분야에서 일하는 사람들의 이야기를 들으며 배움을 얻기 위해 노력해야 한다. 당신이 말단직원이라도 사장의 마인드로 일하면 사장의 능력을 배울 수 있게 된다.

어쩌면 당신은 그건 너무 고된 삶이 아니냐고 반문할지도 모른다.

그렇다면 이렇게 한번 생각해보자. 우리는 보통 짐을 싣지 않으면 배가 더 빨리 항해할 거라고 생각한다. 하지만 그렇지만은 않다. 바닥에 짐을 싣지 않은 배는 불안정하여 곧장 나아갈 수 없다.

배움 역시 마찬가지다. 가장 기본이 되는 곳에 배움을 채우지 않으면 살아가면서 계속 중심을 잃고 쓰러지게 된다. 배움은 당신이 넘어지지 않도록 중심을 잡아주는 역할을 하기 때문이다.

그러므로 인생이라는 게임에서 승자가 되고 싶다면 늘 자신이 사장이라는 생각으로 모든 일을 처리하는 게 좋다. 그러한 자세가 당신에게 수많은 배움을 선사할 것이다.

한계를 뛰어넘는
목표를 세워라

———— 가끔 나는 우리가 자신 안에 숨겨진 잠재력을 얼마나 사용하고 있는지 궁금하다.

당신은 어떻게 생각하는가? 당신은 자신의 잠재력을 얼마나 사용하고 있다고 생각하는가? 10퍼센트? 아니면 30퍼센트?

미국 스탠포드 대학교의 연구 결과에 따르면 우리가 평균적으로 사용하는 잠재력은 겨우 2퍼센트에 불과하다고 한다. 나머지 98퍼센트는 사용해보지도 못하고 무덤 속으로 사라지는 것이다.

흔히 우리는 인색한 구두쇠를 보면 이렇게 말한다.

"그렇게 돈을 안 쓰면 뭐하나, 무덤 속으로 갖고 가려고?"

당신의 잠재력은 돈보다 소중한 것이다. 그런데 98퍼센트나 되는, 돈보다 소중한 잠재력을 왜 사용하지 못하는가? 그것은 대부분

자기 삶에 정확한 목표가 없기 때문이다. 목표가 명확하고 명료할수록 당신의 잠재력은 더 많이 사용될 수 있다.

사람들은 대부분 목표가 중요하지 않다고 생각한다. 목표를 정확히 세우고 날마다 그것을 이루기 위해 노력하는 사람이 많지 않은 이유다. 목표를 설정하는 것은 성공을 위한 스위치를 작동시키는 것과 같다.

성취하고 싶은 것이 있다면 일단 목표를 세워라. 내가 경험을 통해 알게 된 가장 값진 것은, 무계획보다는 어떤 계획이든 세우는 게 긍정적인 작용을 한다는 것이다. 목표를 규칙적이고 체계적으로 설정하다 보면 자신도 모르게 불행이 행복으로 바뀌고, 좌절은 성취로 바뀌는 것을 느끼게 된다. 이미 수많은 사람들이 이 방법으로 큰 성공을 거두었다. 당신이 상상하고 있는 당신의 모습을 목표로 설정하고, 그 모습으로 살기 위해 끊임없이 노력하라. 상상에는 한계가 없기 때문에 당신의 성취 또한 한계가 없다.

또한 목표가 명확하지 않으면 삶의 풍랑 속에서 길을 잃게 된다. 목표가 없다면 어디로 가든 상관없게 된다. 하지만 목표가 명확해지면 자신감이 생기고 스스로 동기부여를 하게 되므로 더 열정적으로 일할 수 있다. 성공이란 목표를 향해 나아가는 것이다. 그러므로 하루하루 그것을 이루는 데만 전념하라. 목표를 향해 한 걸음 내디뎌 작은 성취를 이룰 때마다 미래에 더 큰 목표를 설정하고 성취할 수 있을 거라는 희망도 커지게 된다.

자신을 비우고 남을 인정하라

———— 돈이 많은 게 부끄러운 건 아니지만, 그렇다고 자랑할 만한 일은 아니다. 그런데 언제부턴가 우리 사회에서 '부자 되세요'라는 말이 인사가 되어버렸다. 이건 굉장히 옳지 못한 일이다. 부자가 되는 것보다 어떻게 해서 부자가 되었느냐가 더 중요하기 때문이다. 즉 '돈이 많은 것'보다 그 돈을 '어떻게 모았느냐'가 더 중요한 것이다.

예를 들어, 목적을 달성하기 위해 수단과 방법을 가리지 않는 사람이 인정받아서는 안 된다. 비록 목표에 도달하지 못했지만, 그 과정이 정당하고 깨끗하다면 박수를 보내줘야 한다. 그러나 이러한 원칙을 지키며 기업을 경영해나가기란 결코 쉽지 않다.

그런데 나는 어느 날 갑자기 경영자가 되어버렸다. 누구처럼 경영대학을 나오고 외국 유학길에 올라 체계적으로 공부하지도 않고,

한 번도 정식으로 경영 수업을 받은 적이 없는 내가 최고경영자가 된 것이다. 그래서 나는 아직도 배워야 할 것이 많다고 느낀다. 나의 부족한 부분을 채워줄 인재, 즉 능력이 뛰어난 임원들과 성실한 직원들도 필요하다. 나 혼자서는 불가능하다. 그리고 내게 가장 필요한 건 그들을 리드하고, 적재적소에 배치하고, 시너지 효과를 내게 하는 리더십이다.

수레 양쪽에 달린 바퀴가 아무리 튼튼해도 두 바퀴를 연결해주는 굴대가 제 역할을 못하면, 그 수레는 먼 길을 갈 수 없다. 그동안 나는 기업을 경영하면서 수많은 인재와 함께 일했다. 하지만 그들 모두 자신의 역량을 발휘하지는 못했다. 어떤 이는 자기 역량을 최대한 발휘하며 회사 내에서 입지를 다져나갔지만, 자기 역량을 절반도 발휘하지 못하는 이도 있었다. 인재들이 진정한 인재로 거듭나도록 이끄는 것이 바로 리더의 몫이다. 리더는 스스로 뛰어나기보다 뛰어난 이들이 더욱 빛날 수 있도록 관리하는 역할을 하면 된다.

그래서일까, 나는 『삼국지』에 등장하는 유비를 좋아한다. 그는 특유의 리더십으로 뛰어난 인재들과 함께 인생을 개척한 리더다. 『삼국지』에는 대표적인 리더 두 명이 나오는데 한 명은 유비이고, 다른 한 명은 조조다. 이들은 태생부터 달랐다. 조조가 조정의 관리로 관병을 거느리고 화려하게 등장했다면, 유비는 시골에서 의병을 모아 힘들게 시작했다. 유비는 학연, 지연, 혈연 중 그 어느 것에서도 조조를 따라갈 수 없었다. 그렇다. 유비는 무엇 하나 내세울 만한 게 없었다.

결국 모든 면을 살펴볼 때 조조는 리더가 될 수 있는 최고의 환경을 타고났지만, 유비는 인생의 실패자로 성장하기 좋은 조건을 타고난 셈이었다. 가진 재산도 없고, 집안도 변변치 못하고, 학식도 뛰어나지 않은 유비는 사업을 시작할 당시의 나와 비슷하다. 그래서 나는 더욱더 그의 리더십이 궁금했다. 그렇게 힘든 상황에서 어떻게 유비는 조조 이상으로 멋진 리더가 될 수 있었을까?

나는 수없이 『삼국지』를 읽으며 유비가 훌륭한 리더로 성장하는 과정과 그의 리더십을 배울 수 있었다. 유비가 가진 리더십의 비밀은 바로 눈높이를 낮추는 것이었다. 모든 것을 갖춘 조조가 부하들에게 명령할 때 유비는 부하의 의견을 묻고 그들의 이야기를 믿었다. 똑똑한 조조가 말하고 있을 때 유비는 부하들의 이야기에 귀를 기울였다. 『삼국지』는 역사서가 아니라 야사를 소설화한 것이라 이본(異本)이 수백 종에 이르지만, 그 모든 변형본에서 발견되는 공통점은 유비의 귀가 크다는 것이다. 유비의 리더십에서 나는 자신을 낮춤으로써 비로소 높아질 수 있음을 배울 수 있었다.

내게는 지식이 없지만 나는 나보다 훌륭한 지식과 능력을 가진 인재들과 함께 일하며 회사를 발전시킬 수 있었다. 그래서 오늘도 인재들이 열심히 일하는 회사, 그러면서도 즐거운 회사를 만들기 위해 거듭 고민한다. '국내 최고의 기업이 되자', '세계 유수의 기업이 되자'는 구호가 공허해지지 않으려면 직원들이 신나고 보람을 느끼고 행복해야 하기 때문이다.

부당함만 생각하면
배움은 없다

배우겠다는 욕망이 강한 사람들은 잠자리에 들어서도 해가 뜰 때까지 기다리지 못할 정도로 마음이 조급해진다. 그들은 아침을 기다리지 못하고 해가 뜨기 전에 일어난다. 이것은 그들의 성격이 급해서가 아니다. 그들에게는 다른 사람에게서 찾아볼 수 없는 힘과 열정이 살아 있기 때문이다. 그들은 자신이 어디로 향하고 있는지, 어떻게 그곳에 도달할 수 있는지도 정확히 알고 있다. 그래서 부정적인 것은 보이지 않기 때문에 긍정적인 것만 바라보며 배움의 과정을 진행시킬 수 있다.

이러한 배움의 과정을 잘 진행시키기 위해 반드시 필요한 것이 하나 있다. 그것은 바로 절대로 '세상을 탓하지 말아야 한다'는 삶의 태도다.

많은 사람들이 배우지 않으려 하면서 이런 핑계를 내세운다.

"어차피 잘되는 사람은 정해져 있잖아."

물론 어떤 이들은 폭넓은 인맥, 혹은 탁월한 재능 덕분에 성공한다. 하지만 우리가 희망을 가질 수 있는 이유는, 그렇게 성공하는 사람이 1퍼센트라면 99퍼센트는 무일푼으로 시작해 성공한 사람이라는 것이다.

빌 게이츠는 이렇게 말했다.

"인생이란 원래 공평하지 못하다. 그런 현실을 불평하지 말고 받아들여라."

가난하다고, 부당하다고 모든 것을 포기한다면 그 사람의 인생은 정말 가망이 없다. 모든 부당함 앞에 담대해져야 한다. 절대 자신을 억누르고 있는 상황에 주눅 들어 꿈을 잃지 마라. 몸은 땅바닥에서 굴러도 꿈은 하늘에 심어야 한다. 그리하여 언젠가 하늘에서 당신의 꿈이 싹을 틔워 가장 아름답게 피어나도록 노력해야 한다.

흑인 아버지와 백인 어머니 사이에서 태어난 버락 오바마 미국 대통령은 어린 시절 인도네시아 등 다양한 문화를 접하면서 성장했다. 그와 같이 우리나라의 다문화가정 아이들도 자신의 재능과 장점을 잘 살리면 글로벌 리더가 될 수 있다. 나는 그 아이들에게 부당함이라는 핑계를 사라지게 하고, 스스로 자신의 삶을 성장시킬 수 있는 기회를 갖도록 만들고 싶다.

세상의 모든 사람은 출발선이 다르다. 어떤 이는 한 걸음 혹은 열

걸음 정도 당신 앞에 서 있다. 어쩌면 당신이 맨 끝에서 시작해야 할 지도 모른다. 그런데 그게 뭐 대단한 일인가. 아직 결승선까지 천 걸음, 아니 만 걸음을 더 가야 하는데 겨우 열 걸음 뒤에서 시작하는 게 무슨 문제란 말인가.

그러므로 세상에 대한 불평은 아무런 쓸모가 없다. 나는 가치 있는 사람이 실패하는 것을 한 번도 본 적이 없다. 사람들이 성공하지 못하는 것은 불평 때문이며, 그로 인해 생긴 무가치 때문이다. 당신의 가능성을 믿어라. 가능성이 부당함을 이겨낼 것이다.

성공 요소

'나는 할 수 있다'는
배움형 인간

배움형 인간이
갖춰야 할 6가지 덕목

———— 내가 이 책을 쓰는 이유는 당신도 나처럼 '배움형 인간'
이 되기를 간절히 바라기 때문이다. 그렇다면 어떻게 해야 배움형
인간이 될 수 있을까?

고급 교육을 받으면 배움형 인간이 될 수 있을까? 명문대를 우수
한 성적으로 조기 졸업해 한때 반짝이던 사람은 많았다. 하지만 사
회에 나와 오랜 기간 성공한 사람은 거의 찾아보기 힘들다. 주변 사
람들의 기대를 한 몸에 받으며 훗날 대성할 거라던 엘리트가 흔적도
없이 사라지거나, 무참하게 실패에 실패를 되풀이하며 절망에 빠져
지내는 경우가 적지 않다. 그들과 같은 길을 가지 않으려면 지금부
터라도 공부만을 위한 공부를 시키는 교육에서 벗어나 전혀 다른 사
고와 유연하게 소통할 수 있는 배움형 인간으로 살아가야 한다.

'나는 그저 평범한 인간이야.'

'나는 그렇게 대단한 사람이 될 수 없을 거야. 꿈처럼 아득해.'

이런 생각은 배움형 인간으로 성장하는 데 걸림돌이 될 뿐이다. 자신에게 숨겨져 있는 배움형 인간 유전자를 깨우는 데도 방해만 된다. 늘 자신의 가능성을 열어둬야 한다.

'그만두는 게 좋을 것 같아.'

'그냥 이렇게 살지 뭐.'

버릇처럼 부정적이고 현실 안주적인 생각을 하고 있으면 자기 의사와 상관없이 발전이 없고, 무언가를 새롭게 얻는 것에 대한 불안감으로 패배주의가 온몸에 자리잡게 된다. 이왕이면 무언가를 시작할 때 '누군가 했던 일이라면 나도 할 수 있다'고 생각하며 강하게 밀고 나가라. 그리고 나의 능력을 깨우는 데 방해되고 있는 것들에게 큰 소리로 외쳐라.

"나는 할 수 있다!"

이렇게 큰 소리로 외치는 것이 마음속으로 생각하는 것보다 훨씬 더 효과적이다. 자신이 소리 내어 말한 것은 귀를 통해 들어가 뇌가 그것을 착실하게 읽어내기 때문이다. 그리고 뇌가 내리는 지령을 받아 60조 개의 세포가 현실에서 움직여나가며 당신의 목적이 이루어지도록 돕는다.

먼지보다 작은 당신의 배움형 인간 유전자 속에는 엄청난 성과를 거둘 수 있는 가능성이 숨어 있다. 조물주가 인간에게 100가지

능력을 주었다면, 지금 당신은 기껏 두 개밖에 쓰지 못하고 있다. 다른 사람들도 마찬가지다. 천재라고 불리는 사람들도 열 개를 넘지 못한다. 그리고 보면 천재와, 천재가 아닌 사람들도 별다른 차이가 없다. 결국 누가 배움형 인간 유전자를 깨우느냐가 성공의 관건인 것이다.

배움형 인간 유전자를 깨우기 위해서는 다음과 같은 여섯 가지 덕목을 갖춰야 한다.

레슨 1. 사라지지 않는 삶의 경쟁력 '태도'
레슨 2. 자만하지 않는 나를 만들어주는 '겸손'
레슨 3. 흔들리지 않게 나를 지켜주는 '원칙'
레슨 4. 스포츠 정신으로 배우는 아름다운 '열정'
레슨 5. 목표를 이뤄내게 하는 힘 '가능성'
레슨 6. 재능을 이기는 유일한 방법 '노력'

자, 이제부터 당신의 생각을 긍정으로 전환하고 배움형 인간 유전자를 깨우려면 어떻게 해야 하는지 하나하나 구체적으로 알아보자.

사라지지 않는 삶의 경쟁력 '태도'

———— 공부를 하기 전에 미리 점검해야 할 것이 있다. 그것은 배움의 태도다. 누구나 배움의 목적은 지금보다 큰 것을 찾아, 남들보다 조금 더 멀리 가기 위함이다. 하지만 그 생각에 너무 깊이 빠져 소중한 것을 잊어버리면 곤란을 겪을 뿐더러 애초에 원했던 곳에 도달하지 못하게 될 것이다.

지금보다 큰 것을 얻고 멀리까지 가려면 한 발, 두 발 순서가 있음을 명심해야 한다. 순서를 뛰어넘어 나아가면 자신을 망치게 되기 때문이다. 그것은 마치 인내심을 시험해보겠다며 서울에서 경기도까지 자전거를 타고 가겠다고 호언장담하고는, 결국 버스를 타고 목적지에 도착한 것과 같다. 배움의 태도가 올바르지 않은 사람들은 이렇게 어리석은 행동을 하게 된다. 수단과 방법을 가리지 않고 순서를 뛰어넘어 목적지에 도착하는 것은 어리석은 짓이고 나쁜 태도다.

따라서 배움의 태도를 올바르게 유지하는 것이 무척 중요하다. 흔히들 군대에 가면 '인생을 허비하고 돌아온다'고 생각한다. 누구나 처음에 입대할 땐 이왕 가는 바에야 '제대할 땐 조금 더 나은 모습으로 돌아와야지'라고 다짐한다. 하지만 막상 입대를 하면 배움의 자세를 유지하기가 쉽지 않다. 집에 있을 때처럼 자신에게 무언가를 배우라고 말해주는 사람이 없기 때문이다. 하지만 올바른 배움의 태도를 지니고 있다면 남들과 다르게 생활할 수 있다.

대학생활을 하면서 ROTC(학생군사교육단) 10기에 지원해 장교 교육을 받은 나는 졸업 후 강원도 화천의 15사단 39연대 소위로 임관했다. 하루는 운동시간에 럭비 경기를 하는데, 뜻밖에도 큰 배움을 얻게 되었다. 공이 어디로 튈지 모르는 까닭에 팀원들은 훨씬 더 집중해야 했고, 구성원들간의 팀워크는 그 어느 때보다 커질 수밖에 없었다. 그 경기를 통해 우리는 또 한 번 조직력을 다졌고, 튀는 방향을 정확히 예측할 수 없는 럭비공은 '우리 인생과도 닮아 있다'는 것을 배울 수 있었다. 지금까지도 내가 기억하고 있는, '살아가면서 늘 스스로에게 긴장하고 경계를 늦추지 말아야 하는 이유'가 거기 있다.

군대 시절뿐만이 아니다. 지금까지 나는 특수대학원에 다니며 다양한 분야에서 배움을 구했다. 그 당시의 치열했던 배움의 태도가 현재 삶을 살아가는 데도 중요한 역할을 하고 있다. 따라서 지금 '내가 하고 있는 일이 훗날 어떻게 쓰일지'가 중요한 것이 아니라 지금 '내가 맡은 일을 어떤 태도로 하고 있는지'가 더 중요하다. 지식은 사라지지만 삶의 태도는 변하지 않고 남아, 한 사람의 삶을 흥하게도 하고 망하게도 하기 때문이다.

미국 철강산업의 대부인 앤드류 카네기의 묘비에는 자신이 택한, 다음과 같은 글귀가 새겨져 있다.

'여기, 자신보다 더 우수한 사람을 어떻게 다루어야 하는지 아는 인간이 누워 있다.'

얼마나 멋지고 통쾌한 글인가. 여기서도 태도의 중요성을 알 수 있다. 카네기가 남들보다 많은 일을 할 수 있었던 것은 그의 능력이 뛰어나서가 아니라 직원들을 바라보는 태도가 달랐기 때문이다. 그는 직원들의 단점을 보고 지적하기보다는 늘 장점을 보려고 했다. 그래서 직원들의 강점을 분석할 수 있었고, 그에 따라 부서를 정해주었다. 그 덕분에 직원들은 자신이 가장 잘할 수 있는 분야에서 일하게 되었다.

나는 성격적으로 감성적인 부분이 많아 앞에 나서는 걸 좋아하지 않았다. 그럼에도 나는 그런 단점에 민감해하거나 줄여나가려 하지 않았다. 언제나 나의 강점만 바라보려 했다. 단점보다 나의 강점을 통해 목표를 이뤄나가려 했다. 나는 모든 일을 치밀하게 생각하고 성취해나가는 나의 장점만 생각했고, 그런 태도가 나를 성공으로 이끌었다.

또한 나는 다른 사람의 시선에 개의치 않는다. 살면서 가장 두려운 것은 '어제의 나보다 오늘의 내가 더 못한 것이다'라고 생각하기 때문이다. 나는 남에게 보이기 위한 것보다 내 안의 내실을 기하는 쪽이다. 만약 내가 남에게 보이기 위한 삶의 태도를 갖고 있었다면, 지금의 내 모습은 크게 달라졌을 것이다. 돈과 명예 앞에서 수없이 흔들렸을 것이다.

높은 자리에 오르거나 돈을 많이 벌고 싶어 공부를 하는 것은 올바른 태도가 아니다. 물론 공부를 해 그것들을 어느 정도 얻을지는 모르지만, 절대 오랫동안 유지되지는 않는다. 공부를 하겠다고 마음먹으면 높은 지위나 돈을 가까이하지 않는 게 좋다. 그것들 때문에 공부를 한다면 그 공부는 거짓이나 다름없다. 공부의 목적은 높은 자리나 돈을 벌기 위함이 아니라 나를 이기는 데 있다.

자만하지 않는 나를 만들어주는 '겸손'

———— 직장에서 능력을 인정받아 직급이나 지위가 올라갈수록 주변 사람들의 시기와 질투를 받게 되는데, 이때 갖춰야 할 덕목이 바로 '겸손'이다. 그들은 당신이 잘하는 것보다 서툰 점에 관심을 갖고 있다. 그래서 조금이라도 자만하거나 건방지게 행동하면 그 순간을 포착해 당신을 깎아내린다.

혹시 당신은 '그 정도야 뭐'라고 생각하는가?

그런데 내가 살면서 깨달은 지혜는, 사람들은 '큰 결함에는 별 반응을 보이지 않는데, 작은 약점은 결코 간과하지 않는다'는 것이다. 실력 있는 사람들이 더 높은 지위로 오르지 못하는 것은 대부분 겸손하지 못한 태도로 주위의 시기를 받다가 무너져버리기 때문이다. 겸손하지 않은 태도는 자신에게도 나쁜 영향을 미친다. 자만심이 생겨 배우려 하지 않기 때문에 더 이상 발전하지 못하게 된다.

배움에 많은 시간을 투자하지도 않으면서 어떤 계기로 조금 배운 것이 있으면 과장해 자랑하는 사람들이 있다. 이런 사람은 회사 내에서도 발견할 수 있는데, 지식도 짧고 능력도 없으면서 부하직원들에게 무조건 열심히 일하라고 목청을 높이는 상사들이 바로 그들이다. 그렇다고 그들이 열심히 일하지도 않는다. 상사라는 이유만으로 부하직원을 무시하면서 허세를 부려서는 안 된다. 몇 년 더 회사를 다녔다고 짧은 지식으로 부하직원을 괴롭히는 것은 자신의 무지를 널리 알리는 것과 다름없다.

나는 늘 겸손한 자세를 유지하려 애쓴다. 내가 가장 중요하게 생각하고 실천하는 것이 있는데, 바로 '하문(下問)'이다. 하문이란 자신보다 나이가 어린 사람에게 뭔가를 묻는다는 뜻이다. 회사에서는 부장이 대리에게, 혹은 회장이 부장에게 모르는 것을 스스럼없이 물어보는 것이다. 어쩌면 상사의 자존심에 큰 상처가 날 수도 있다. 부하직원이 '사장이라는 사람이 그것도 모르나'라고 생각할 수도 있기 때문이다.

하지만 그것은 쓸데없는 걱정이다. 모르는 것을 모른다고 하는 것은 자존심 상하는 일이 아니다. 오히려 그것을 감추고 아는 척하는 것이야말로 자신을 망치는 짓이다. 누구나 지위가 높아지거나 명예가 생기면 겸손함을 잃게 된다. 그리고 자기보다 아래에 있는 사람을 무시하고, 열등하다고 생각하게 된다. 이는 경영자에게도 치명적인 약점이 될 수 있다. 그런 마음을 갖고 있으면 부하직원이 충언을 해도 무시하고 듣지 않게 되기 때문이다. 그런 과정이 되풀이되면 회사도 점점 어려워질 수밖에 없다.

배우는 사람은 하문을 즐겨야 한다. 나도 매일 한 번 이상 하문을 하려고 노력한다. 우리는 모두 자기 삶의 경영자다. 좋은 경영자가 되려면 늘 겸허한 마음으로 부하직원의 말에 귀를 기울이고, 모르는 것이 있으면 주저하지 말고 물어서 배움을 얻어야 한다. 그것이야말로 겸손한 자세를 유지하는 길이자 자기 발전의 길이다.

"이미 알고 있는 지식이 차지하는 부분을 둥그런 원이라고 한다면 원 밖의 부분은 모르는 부분이 되겠죠. 원이 커지면 그 둘레도 점점 늘어나 접촉할 수 있는 미지의 부분이 더 많아지게 되지요. 지금 저의 원은 여러분 것보다 커서 제가 접촉한 미지의 부분이 여러분보다 더 많습니다. 다시 말해 여러분보다 모르는 게 더 많다고 할 수 있지요. 그런데 어떻게 게으름을 피울 수 있겠습니까?"

이 말은 어느 날 아인슈타인이 한 학생에게 '선생님은 이미 해박한 지식을 가지고 있는데, 어째서 그렇게 계속 공부하는 겁니까?'라는 질문을 받고 대답한 내용이다. 왜 배울수록 더 공부해야 하는지를 잘 보여주는 예다.

겸손은 공부를 지속하는 데 반드시 필요한 덕목이다. 공부를 잘하는 학생들이 빠지기 쉬운 늪이 바로 자신에 대한 과대평가다. 자기 반에서 1등을 하게 되면 그 반에서는 비교 대상이 없으므로 과대평가에 빠질 수 있다. 과대평가는 곧 자신의 경쟁력을 약화시키는 요인이 될 수 있다.

운동선수에게는 '2년생 징크스'가 있다. 데뷔 첫해에는 최고의 활약을 펼치지만, 2년차가 되면 성적이 평균 이하로 떨어진다. 이는 한 번 잘했던 경험으로 자신을 과대평가해 연습을 게을리 하거나 정신상태가 해이해졌기 때문에 일어나는 결과다.

겸손하지 않은 사람은 아무리 지식이 풍부해도 존경받지 못하고, 학식이 깊어지지 않는다. 스스로 자신이 최고라고 여겨 공부하려 하지 않기 때문이다. 그래서 나는 직원들에게 명령조로 말하지 않는다. 회사의 CEO는 군림하는 게 아니라 단지 그 역할만 다르다고 생각하기 때문이다. 지금 겸손하다고 생각하더라도 다시 한 번 주위를 돌아보라. 그리고 어제보다 더 겸손한 자세로 배움에 임하라.

흔들리지 않게 나를 지켜주는 '원칙'

───── 잘못한 일이 있으면 반성하는 게 당연하다. 변명거리가 있어도 자신이 선택하고 행동한 결과이므로, 반성하고 다시 시작해야 한다. 다음과 같은 핑계를 대며 자신을 옹호하는 것은 최악의 선택이다.

"우리 집 사정이 조금만 더 좋았으면 잘할 수 있었을 텐데."

"나에게 하루만 더 있었다면……."

핑계를 대는 사람의 모습은 처량해 보인다. 무슨 일만 있으면 '나라 탓', '집안 탓'을 하고 끝없이 투정을 부린다. 그들에게는 지켜야 할 원칙과 기준이 없기 때문에 핑계만 늘어난다.

'내 몸은 팔아도 자존심은 팔 수 없다.'

이 말은 지금의 나를 있게 만든 원칙이다. 어떤 경우에도 흔들리지 않는, 변명하지 않는 나를 만들려면 '원칙'을 가지고 있어야 한다.

원칙이 없다는 것은 한 번도 가보지 못한 길을 내비게이션 없이 찾아가는 것과 마찬가지다. 때문에 원칙이 없는 사람은 길을 잃고 시간을 낭비하게 된다.

사업을 하며 성공하겠다는 나의 열정은 대단했지만 열정만으로 모든 것을 해결할 수는 없었다. 결국 방법은 단 하나였다. '내 몸은 팔아도 자존심은 팔 수 없다'는 나의 원칙을 되새기며 일을 처리하는 것이었다. 원칙을 가지고 살면 단기적으로 손해를 보는 느낌이 들 수도 있다. 하지만 시간은 원칙을 가지고 올바르게 살아가는 사람들에게 가장 절친한 친구이자 든든한 지원자다. 원칙을 가지고 사는 사람은 당장의 이득을 얻진 못해도 장기적으로 확실한 이득을 볼 수 있다. 그와 달리 위선적인 사람들에게 시간은 가장 큰 적이다. 시간이 지나면 결국 왜곡된 사실이 드러나 숨겨진 의도가 밝혀지기 때문이다.

내게도 당장의 이득을 버리고 원칙에 충실했던 적이 여러 차례 있었다. 그 중 가장 결정적인 순간을 꼽는다면 일본 구몬과의 상표 분쟁을 들 수 있다. 하지만 나는 원칙에 따라 한마디로 거절했다. 이 같은 행동은 '내 몸은 팔아도 자존심은 팔 수 없다'는 원칙이 있었기에 가능했다.

지금은 웃으며 이야기할 수 있지만, 일본 구몬과의 상표 분쟁은 기업의 사활이 걸린 문제였고 그만큼 시름도 깊었다. 20년도 더 지났지만, 해결책을 찾기 위해 밤잠도 이루지 못하면서 고심하던 나날이 지금도 눈앞에 생생하다. 특히 승산 없는 싸움이라 더욱 힘들었다.

한국공문수학연구회라는 이름으로 사업을 시작해 열심히 일한 덕분에 회원 수가 40만 명을 돌파했다. 그 누구도 예상치 못한 성장이었다.

그러던 어느 날 일본 구몬 측에서 '공문'이라는 이름을 포기하고 '구몬'을 사용하되 로열티를 내라는 연락이 왔다. 아무리 생각해도 받아들일 수 없는 요구였다. 우리는 국내 학습지 업체 최초로 국어 교재를 개발·보급해 호응을 얻고 있는데다 합작회사를 차리면 나의 오랜 꿈인 종업원지주제는 물거품이 되고 말 게 뻔했다.

한마디로 일본 측의 요구는 지난 15년간 과외금지조치, 노사분규 등을 이겨내고 힘들여 개척해온 국내 시장을 송두리째 내놓으라는 소리였다. 완전히 합의되었다고 생각했는데 잊을 만하면 다시 불거지는 요구에 머리가 지끈지끈 아파왔다. 그리고 아무것도 수락하지 않자 일본 측은 법적 소송에 들어갔다. 참으로 난감했다.

그러나 경영자는 마냥 고민하고 있을 수만은 없다. 더 이상 머뭇거리지 말고 냉철한 판단이 필요했다. '공문'을 쓰지 못한다고 '구몬'을 쓸 수는 없는 노릇이다. '공문'도 '구몬'도 쓸 수 없다면, 새로운 이름을 쓰면 된다. 하지만 브랜드명 교체는 자칫 모든 것을 잃을 수도 있는 엄청난 모험이다. 그동안 쌓아온 제품 이미지를 모두 버리고 처음부터 다시 시작해야 하는 셈이다. 그렇다고 승산 없는 모험은 아니다. 중간 단계를 거치지 않고 고객과 일대일로 만나 판매하는 우리 제품의 특성상, 새로운 브랜드명도 직접 전달되므로 머지않아 고객들에게 익숙하게 받아들여질 거라는 생각이 들었다.

그때 나는 내 인생이 흔들릴 때마다 나를 잡아준 원칙을 떠올렸다.

'내 몸은 팔아도 자존심은 팔 수 없다.'

원칙이 있으니 답은 간단했다. 결국 나는 구몬과 결별하고 독자적인 브랜드를 만들기로 했다. 구몬 측의 요구는 한마디로 꼭두각시 역할을 하라는 소리였고, 그것은 도저히 한국인으로서 자존심이 허락하지 않았다.

그렇게 나의 자존심을 지키며 탄생한 브랜드가 바로 '눈높이'다. 지금까지 키워온 브랜드를 버리고 새로운 브랜드로 다시 시작한다는 것은 분명 어려운 일이었다.

하지만 나는 내 원칙을 고수했고, '눈높이' 역시 폭발적인 인기를 끌었다. 만약 그때 나에게 원칙이 없었다면 자존심을 버렸을지도 모른다. 그랬다면 아마 지금의 대교는 존재하지 않을 것이다. 하지만 나는 나를 지켜온 원칙을 믿고 따름으로써 성공적인 결과를 이끌어냈다.

스포츠 정신으로 배우는
아름다운 '열정'

──────── 운동선수처럼 직장인에게도 일이 잘 풀리지 않는 슬럼프가
찾아오곤 한다. 혹시 그것을 이기는 방법을 알고 있는가?

슬럼프에 빠질 때면 나는 이 문장을 크게 읽는다.

'한 걸음 앞에 슬럼프란 없다. 만약 있다면 슬럼프라는 커다란 벽
앞에 당신의 실력을 쌓아두는 순간일 것이다.'

결국 당신의 실력이 슬럼프라는 벽보다 높이 쌓여 벽을 무너뜨리게
되는 날 당신이 쌓아둔 실력은 폭발적인 힘을 발휘해 목표를 성취하도
록 도와줄 것이다. 그러니 지금 아무리 힘들고, 당신의 삶과 열정이 하
찮고 고통스럽더라도 멈추지 마라. 힘든 만큼 한 걸음 더 내디뎌라.
10,000걸음을 걸어야 하나를 성취할 수 있다면 9,999번째 걸음에서도
한 번 더 걸어야 한다. 9,999걸음까지 왔지만, 거기서 멈추면 아무것도

아닌 게 된다.

　서양 속담에 '마지막 지푸라기 하나가 낙타의 등을 부러뜨린다'고 했다. 아무리 힘들어도 고통을 이기며 걸어간 마지막 한 걸음에서 비로소 당신은 빛을 볼 수 있다. 그래서 나는 일을 하면서 열정이 사라지는 느낌이 들거나 슬럼프에 빠지면 운동을 하면서 다시 나를 불태운다.

　운동은 스스로 몸을 움직여야 하므로 자신의 의지가 가장 중요하다. 그렇게 스스로 움직이며 땀을 흘리다 보면 어디선가 잠자고 있던 열정이 타오르게 된다. 나는 누구보다도 운동을 좋아한다. 60대로 접어든 지금도 틈나는 대로 운동을 즐기고 있다. 운동은 일상에 활력을 불어넣어주고, 삶의 의욕을 북돋우며, 긍정적인 태도를 형성하고, 체력을 길러주는 최상의 수단인 것이다.

　또한 스포츠는 직접 몸을 움직이며 경기를 하지 않더라도 관중석에서 또는 방송 중계를 통해 열정을 느낄 수 있다. 선의의 경쟁을 펼치는 선수들을 보면 희열이 느껴지기 때문이다. 이것은 내가 세계배드민턴연맹 회장을 맡고 있는 이유이기도 하다. 많은 사람들이 감동의 순간을 통해 자기 인생의 열정을 느끼길 간절히 바라기 때문이다.

　그래서 나는 몸이 아무리 힘들어도 배드민턴이 전 세계로 널리 퍼져나가 모든 사람에게 열정이 전파되길 바란다. 세계배드민턴연맹 회장을 다시 맡으면서 책임이 더욱 막중해졌지만 나는 멈추지 않았다. 아프

리카 오지부터 저개발국까지 배드민턴이라는 유용한 운동을 보급하는 것도 내가 해야 할 일이다. 물론 배드민턴을 즐길 기회를 갖게 해 유소년들의 몸을 튼튼하게 하고, 미래의 희망과 열정을 키우는 일도 해야 했다. 그런 일념으로 세계 곳곳을 찾아가 열정을 다해 일하다 보니 1년 365일이 모자랄 지경이다.

제29회 올림픽이 한창이던 2008년, 중국 베이징 공과대학 체육관에서 배드민턴 경기가 열렸다. 그때 나는 컴퓨터 황제 빌 게이츠의 옆에 앉아 이런저런 이야기를 나누게 되었다. 그는 서글서글하고 친근한 인상에 눈빛이 영민하게 빛났고, 부인 멜린다 게이츠는 온화하고 따뜻한 성품을 지니고 있었다. 스포츠를 좋아한다는 빌 게이츠는 배드민턴에 큰 관심을 보이며 스포츠의 복잡계에서 경영과 IT의 미래를 찾으려는 것 같았다.

"배드민턴 경기가 이렇게 재미있는 줄 몰랐습니다. 대단한 경기였습니다. 제 몸으로 열정이 느껴집니다."

함께 대화하면서 나는 빌 게이츠 역시 스포츠를 통해 자신의 열정을 고양시키고 있음을 알아챌 수 있었다.

기업을 경영하는 사람에게 열정은 자본보다 더 소중한 자산이다. 빌 게이츠도 그러하지만 나 역시 기업을 경영하다 보면 어쩔 수 없이 경쟁해야 하고, 경쟁에서 두각을 나타내려면 더 오랜 노력이 필요하다. 경영이란 때로 상상할 수 없을 만큼 격렬하여, 나는 집에 들어가면 가끔 극도의 피로감을 느껴 곧바로 쓰러져 잠들기도 한다. 바로 이때 필요한 것이 열정이다. 나는 그 열정을 배드민턴에서 찾았다.

이제 당신도 당신의 열정을 불러일으켜줄 운동을 하나 찾아라. 그리고 당신이 걷고 있는 길에서 힘이 들 때마다 운동에서 얻은 열정으로 견디고 이겨나가라.

목표를 이뤄내게 하는 힘 '가능성'

──── 2009년에 개봉된 「블랙」은 듣지도 보지도 못하는 몸으로 태어난 소녀와, 자신의 모든 것을 버리고 헌신하는 선생님의 이야기를 그린 인도 영화다. 이 영화는 우리가 인생을 어떻게 대해야 하는지를 잘 보여주는데, 이런 말이 나온다.

"내가 그녀에게 유일하게 가르치지 않은 단어가 바로 '불가능'이오."

그렇다. 우리는 할 수 있는데도 스스로 불가능하다고 여겨 못하게 되는 경우가 많다. 영화 속 그녀는 불가능이라는 단어를 몰랐으므로 포기하지 않았고, 마침내 그 누구도 상상하지 못한 일을 해내고야 말았다.

당신은 지금까지 해보지도 않고 포기하려 든 적이 없는가? 혹시 이런 생각을 하지 않는가?

'내 수준으로는 힘들어.'

'에이, 내가 할 수 있겠어?'

영화 「블랙」은 한번 시도해보지도 않고 포기하거나, 시작하고 얼마 지나지 않아 어렵다는 핑계로 이리저리 도망치다가 끝내 포기하는 사람들에게 일침을 가한다. 자신의 능력을 끄집어내지는 못할망정 스스로 제한한다면 그보다 더 불행한 일이 어디 있겠는가.

나는 대교의 교사들에게 곧잘 이렇게 말한다.

"마음대로 아이들의 가능성을 재단하지 마세요. 아이들은 여러분이 생각하는 것보다 더 잘할 수 있습니다. 아이들이 가능성을 발견하지 못하는 가장 큰 이유는 바로 어른들의 '너는 못할 거야'라는 생각 때문입니다. 한 번 해서 모르면 두 번 가르치고, 10분을 해서 안 되면 20분을 한다는 생각으로 교육하세요. 그래서 아이들의 인생에서 '불가능하다'와 '어렵다'는 단어가 사라지게 해주세요. 그게 무엇보다도 중요한 우리의 임무입니다."

나는 아직 말을 못하는 아이들을 통해 배움의 순간을 경험하기도 한다. 어린 아이를 키우는 부모는 언제나 침실 문을 닫아둔다. 아이가 너무 어려 혹시 있을지 모르는 안전사고를 예방하기 위해서다. 그런데 깜박 잊고 침실 문을 닫지 않으면 아이가 그 틈을 노리고 재빠르게 걸어가 자기 키보다 높은 침대 위로 올라가려 한다. 그러다 뒤로 넘어지거나 힘만 쓰다가 끝내 포기하게 된다.

내 친구의 손자도 그랬다. 아직 17개월밖에 되지 않아 침대 위로 올라가는 게 불가능해 보였는데, 기를 쓰고 올라가려 했다. 수십 차례 도전했지만 성공하지 못하고 결국 지쳤는지 바닥에 앉아 잠시 숨을 고르더니, 또 언제 그랬냐는 듯 다시 침대로 올라가려고 다리를 들고 아등바등하는 게 아닌가. 그 모습을 지켜보던 나는 이제 아이가 힘이 빠져 다칠지도 모른다는 생각이 들어 아이를 안고 나오려 했다. 바로 그 순간 놀라운 일이 벌어졌다. 마침내 아이가 자기 힘으로 침대에 올라간 것이다.

아직 말을 못하고 들어도 무슨 의미인지 모르는 아이들은 '불가능'이라는 단어를 모른다. 주위에서 어른들이 '넌 못해'라고 아무리 말해도 그 의미를 모르므로 될 때까지 도전한다. 그게 어려운 일임을 모르기 때문이다. 스스로 자신의 가능성을 높이는 것이다. 그래서 자기 신념을 잃지 않고, 넘어지고 쓰러져도 마침내 목표를 이뤄내고야 마는 것이다.

위험과 어려움은 그 사람 자신이 만드는 허상일 뿐이다. 어렵다고 생각하니까 못하게 되고, 위험하다고 생각하니까 도전하지 않게 되는 것이다. 수십 차례 시도한 끝에 침대 위로 올라간 아이들의 표정을 보라. 그런데 아이들은 기뻐하거나 성취감이 넘치는 표정을 짓지 않는다. 조금 이상하지 않은가? 그렇게도 힘들게 올라갔지만 바로 내려온다. 왜냐하면 아이들은 그게 얼마나 어려운 일인지 모르기 때문이다. 애초에 '불가능'하다고 생각하지 않았기 때문이다.

아이들이 스스로 자신의 가능성을 높이듯, 이제 당신도 무엇이든 할 수 있다는 생각을 하며 자신의 가능성을 높여보라.

재능을 이기는 유일한 방법 '노력'

———— 사람들은 '재충전이 필요하다'고 곧잘 말한다. 하지만 내가 생각하기에 재충전의 시간은 필요하지 않다. 우리에겐 잠재력이 무궁무진하여 갖고 있는 능력이 결코 소진되지 않기 때문이다.

예를 들어 '나는 운동도 하고 싶고, 더 공부하고 싶은데 시간이 없어'라는 말은 거짓이다. 그 사람의 '정말 하고 싶다'는 마음도, 시간이 없다고 말하는 태도도 잘못된 것이다. 시간은 충분하다. 문제는 노력하지 않는 당신의 모습이다.

정말로 당신이 원하는 일이라면 시간은 저절로 따라온다. 당신은 바빠서 밥은 굶고 잠을 자는가? 정말 배가 고프면 잠자는 시간을 줄여서라도 밥을 먹게 된다. 밥 생각이 간절하여 어떻게든 밥을 먹으려 하기 때문이다. 그렇다. 당신이 하지 않는 것은 시간이나 능력이 모자라서가 아니다.

공자는 어떻게 해야 현명한 식견을 갖출 수 있느냐는 질문에 이렇게 대답했다.

"내가 태어나면서부터 현명했던 것은 아니었다. 만약 지금 내가 남들보다 조금이라도 현명하다면, 그것은 열심히 배움에 몰두했기 때문이다."

배우려는 생각도 하지 않은 채 '난 재능이 없어서 그 일은 절대 못해'라고 말하는 사람들이 있다. 노력하지 않고 미리 포기하는 사람에게는 아무런 가능성도 없다. 노력만 있다면 무슨 일이든 못할 게 없다.

눈높이 선생님은 많은 사람들을 만나고 교육을 시키기 때문에 성격이 활달한 사람이 더 유리하다고 생각할 수 있다. 하지만 능력이 뛰어난 직원들 중 대다수는 오히려 부끄럼을 잘 타고 낯가림이 심한 편이다. 언뜻 이런 의문이 생길지도 모른다.

'그런 사람들이 어떻게 전혀 모르는 사람들을 만나 교육을 할 수 있을까?'

하지만 재능이나 타고난 기질보다 중요한 것은 바로 노력이다. 공자의 말처럼 그들도 차근차근 노력해온 것이다. 부끄럼이 많아도 학생과 학부모를 계속 만나면서 자신의 진심을 보여주고 교육에 힘쓰다 보면 자연스럽게 서로의 마음이 열리고, 그 누구보다 따뜻한 마음으로 아이들에게 지식을 전달할 수 있는 것이다. 문제는 미리 포기해버리는 나약함이다.

어느 분야든 성공한 사람들의 공통점은 재능이 아니라 성실하게 노력하는 자세를 갖추었다는 것이다. 사람은 재능으로 성공하는 것이 아니라 노력으로 성공하는 것이다. 노력의 중요성을 제대로 인지하지 못하면 당신은 내일도 현실에서 도망칠 것이다.

내가 늘 갖고 있는 생각이 하나 있다. 만약 처음으로 되돌아갈 수 있다면, 다시 청년이 된다면 지금까지 내가 했던 일을 더 열심히 해보고 싶다는 생각이다. 한 점 후회가 남지 않도록 열심히 교육 사업을 해보고 싶다. 그 이유는, 더 유명해지거나 돈을 많이 벌고 싶어서가 아니라 내가 사랑하는 교육 관련 일을 더 오래, 더 잘하고 싶은 마음을 갖고 있기 때문이다.

당신도 내 마음과 같다면, 지나간 과거는 어찌할 수 없으니 오늘부터라도 어제보다 좀 더 열심히 일하는 삶의 자세를 갖추어라. 재능을 이기는 유일한 길은 노력이기 때문이다.

새로운 도약

당신을 움직이는 심장

실패에서 배우는 사람

당신이 책을 읽는 지금 이 순간에도 세상에는 배움에 목말라하는 사람이 많다. 등록금이 없어 학교에 들어가지 못하지만 쓰레기장에서 주운 책을 읽으며 희망 찬 미래를 꿈꾸는 아이들도 있고, 학원비가 없어 식당에서 허드렛일을 하지만 어깨 너머로 요리를 배우며 일류 요리사를 꿈꾸는 이들도 있다. 누가 봐도 남들보다 어렵게 배우고 있지만 그들은 절대 세상을 원망하거나 배움을 포기하지 않는다. 오히려 그들은 '배울 수 있어서 감사한다'고 말한다.

그들이 그런 고통과 역경을 견디는 것은 배움의 열망이 가득하기 때문이다. 그들은 무슨 일이 있어도 절대 포기하지 않는다. 열망을 갖고 있는 사람은 포기하지 않는다. 그리고 포기하지 않는 사람은 세상의 풍랑에 흔들리거나 좌초되지 않는다.

그동안 나는 생각하기조차 싫을 만큼 큰 실수를 몇 차례 저질렀다. 그럼에도 지금까지 내가 대교를 이끌 수 있는 것은 포기하지 않고 배우려는 자세가 있었기 때문이다. 실패 역시 나에겐 배움의 대상이었다.

1993년 11월, 전 세계 60개국과 33개 국제기구가 참가하고 약 1,400만 명이 관람한 대전 엑스포가 막을 내릴 무렵 한 임원이 내게 다가와 말했다.

"엑스포기념재단에서 엑스포 과학공원 운영을 민간업자에게 맡길 계획이라고 합니다."

"정말인가?"

"예. 믿을 만한 곳에서 얻은 정보입니다."

그 당시는 정부투자기관의 민영화 작업이 한창 추진되던 때였다. 그래서 더욱 그 정보에 귀가 번쩍 뜨이는 느낌이었다.

"우리가 합시다."

그렇게 해서 실무 작업을 맡을 'X프로젝트팀'이 꾸려졌다. 대교 임직원 일곱 명과 회계법인 소속 세 명, 충남대 교수 세 명 등 열세 명이 서울 광장동의 오피스텔에서 준비 작업에 착수했다.

나는 가끔 그들이 일하는 오피스텔에 들러 진척 상황을 확인하고 팀원들을 격려했다.

"철저히 준비해서 운영권을 꼭 따내도록 합시다. 열심히 해주세요."

결과가 나올 때까지 나는 무척 초조했다. 대교가 이길 거라고 확신했지만 뚜껑을 열어봐야 알 수 있기에 안심할 수는 없었다. 한편 가슴 한구석에는 벌써부터 성공에 대한 자신감이 자리를 잡고 있었다. 교육문화기업으로 도약하기 위해 계열사를 확장하는 중이고, 몇 달 전부터 케이블TV에도 진출해 있는 상태였다.

마침내 1994년 2월 3일, 나는 전화 한 통을 받았다.

"사장님, 발표가 났습니다."

"그래, 희소식인가?"

"예. 저희가 해냈습니다."

"수고했네."

전화를 끊고 나는 한바탕 크게 웃었다. 공들여 준비한 사업계획이 쾌거를 이루었다는 생각에 기쁨을 감출 수가 없었다.

엑스포 과학공원 운영업체 엑스피아월드는 그렇게 태어났고, 과학공원 조성 공사를 거쳐 그해 8월 7일 정식으로 개장했다. 경사였다. 직원들은 자부심을 가졌고 '우리도 할 수 있다'는 자신감으로 충만했다. 나는 내가 꿈꾸어오던 과학체험 현장교육을 실현하려 했고, 외부에서는 대교가 본격적인 사업 다각화에 착수했다고 주목하기 시작했다.

하지만 4년 만에 1,000억 원의 손실을 입고 그 사업에서 손을 떼게 될 줄 누가 알았겠는가. 적자 요인은 간단했다. 매출은 한계에 이르렀는데, 고정비용과 인건비는 지속적으로 상승했다. 더구나 지방정

부와 기념재단 측에서 공익성을 요구하며 일일이 간섭하다 보니 민간의 창의적 경영을 이룰 수 없는 구조였다. 결국 지방정부를 상대로 소송한 끝에 일부 승소하여 200억 원을 환수하긴 했지만, 800억 원이나 손해를 보면서 중도 하차하는 것으로 엑스피아월드의 꿈은 산산조각이 나고 말았다. 그로 인해 내가 받은 충격은 어마어마했다.

이어 1996년 가을, 내 손에 이제 막 나온 〈사람과 사회〉 창간호가 놓여 있었다. 48면짜리 신문을 단숨에 읽고 난 뒤 내가 말했다.

"잘 만들었습니다. 알차고 재미있네요."

창간기념 리셉션도 근사하게 열었고, 발행인으로서 언론과도 적지 않게 인터뷰를 했다. 반응도 좋았다. 많은 이들이 〈사람과 사회〉는 30~40대 직장인과 여성들을 대상으로 한 건강한 주간신문으로 사랑받을 거라고 말했다. 정기구독 회원이 속속 늘어나 5만 부 이상 발행하기도 했다. 그러나 곧 불안한 징후가 나타났다. 시간이 지나면서 발행부수가 서서히 떨어지더니 다시 회복되지 않았다. 더구나 1997년으로 접어들면서 전반적인 경기가 불안해지자 〈사람과 사회〉의 침체는 장기화될 조짐을 보였다. 전사적인 구조조정이 필요한 때였다. 결국 〈사람과 사회〉는 폐간할 수밖에 없었다.

의욕적으로 시작했다가 IMF 경제위기로 접어야 했던 사업은 주간신문만이 아니었다. 1997년 초에 설립한 광고대행사 M&C(Media& Communication)와 대교유통, 대교컴퓨터도 빛을 보지 못한 사업이었다. 현재의 물류사업부 기능, 즉 교재를 관리하고 배송하는 업무

외에 다른 부대사업을 키우기 위해 대교유통을 설립했지만 예상처럼 활발히 전개되지 못했다. 대교의 업무만 맡기 위해 별도로 유통회사를 설립하는 것은 비효율적이기 때문이었다.

IMF의 고비를 넘기지 못했던 〈사람과 사회〉, 1년여 만에 흡수 합병되어버린 광고대행사 M&C, 무엇보다 20년간 위탁운영계약을 하고도 4년 만에 막대한 손실을 입고 물러난 엑스피아월드 등 돌이켜보면 부끄러운 동시에 너무나 가슴 아프다.

그런 실패를 겪으며 나는 시장 환경이나 세계 경제 등 세상에는 내가 통제할 수 없는 부분이 분명히 존재하며, 경영자는 실패의 경우까지 포함해 모든 경우의 수에 대비해 시뮬레이션하고 대책을 강구해두어야 한다는 사실을 배웠다. 손대는 일, 벌이는 사업마다 성공할 수는 없겠지만, 그렇다고 실패를 기뻐할 수는 없다. 다만 실패에서 배움을 얻어 다시는 같은 실수를 되풀이하지 않도록 노력할 따름이다. 그 경험을 토대로 얼마나 발전하느냐에 따라 실패한 사업의 대가가 클 수도 있고 작을 수도 있다.

하지만 어떻게든 나는 연이은 실패에 책임을 져야 했다. 물론 당시엔 아무도 뭐라고 하지 않았고, 아직 나이가 50대에 불과했지만 일선에서 물러나기로 결심했다. 전문경영인에게 맡기고 한 발 물러나 혼자만의 시간을 가지며 경영을 위한 더 큰 배움에 몰두할 생각이었다. 여러 차례 실패를 겪으며 많은 배움을 얻었으니, 이제 그 배움을 기반으로 앞으로 어떻게 대교를 이끌어나갈지 고민하는 시간을 갖고 싶었다. 지금이 가장 좋은 때라고 판단했다.

평범한 미인은 나이가 들수록 망가지는 자기 얼굴을 보며 실망하지만, 현명한 미인은 절대 늙지 않으므로 자신의 외모에 실망하지 않는다. 그렇다고 그들에게 늙지 않는 비법이 있는 건 아니다. 현명한 미인은 거울을 버려야 할 때를 알고 있다. 그들은 자신의 늙은 모습이 보이기 전에 손에서 거울을 놓는다. 이것은 적당한 때를 알고 있는 사람만이 행할 수 있는 지혜다.

누가 뭐라고 말할 수 없는 자리에 있더라도 때가 되면 모든 미련을 버리고 떠날 줄 알아야 한다. 그것은 단순히 마음을 비우는 것이 아니라 지혜로운 사람이 할 수 있는 결단이다. 저녁이 되었는데도 해가 지지 않고 버티고 있다면 어떻게 되겠는가? 그만큼 자연스러운 때를 안다는 게 중요하다. 해가 지지 않고 버티고 있다고 더 빨리 새로운 아침이 오지는 않는다.

몇 차례의 실패를 겪으면서 나는 흔들리는 세상에서 성공을 도모해야 한다는 것을 새삼 배울 수 있었다. 만약 내게 수십 년간 다져온 배움의 자세가 없었다면, 그 충격적인 실패에 수없이 흔들렸을 것이다. 그뿐 아니라 대교 전체를 뒤흔들어 더욱 큰 파장을 일으켰을 것이다. 하지만 나는 그 모든 것이 배움의 과정임을 알고 있었기에 과감하게 일선에서 물러날 수 있었고, 실패보다 더 큰 지혜를 얻을 수 있었다.

당신이 선택한 길

━━━ 여러 사람 중에서 누가 아프다고 하면 마치 경쟁이라도 하듯 '내가 진짜 아파죽겠다'고 말하며 자기가 더 아프다고 강변하는 사람들이 있다. 그들은 조금만 아파도 이렇게 얘기하며 자신의 몸을 더 아프게 만든다.

"아, 피곤해. 왠지 내일 일어나면 몸살이 나 있을 것 같아."

사실 아픈 것도 자신의 의지에 달려 있다. 멀쩡한데 자꾸 아프다고 말하면 자기도 모르게 몸이 허약해지고, 결국 정말 아프게 된다.

내가 알고 있는 40대 남성은 서른다섯 살 때 이혼한 이후 불행한 나날을 보내왔다. 그런데 이전까지 건강했던 그가 스스로 병을 만들어버렸다. 매일 잠들기 전에 그는 습관처럼 '아, 머리가 너무 아

파. 내일 일을 할 수 있을까'라고 말했다. 그런 그를 더 이상 두고 볼 수가 없어 어느 날 내가 이렇게 물어보았다.

"당신은 아픈 걸 즐기나요? 혹시 정말 아픈 게 좋은 건 아니죠?"

그러자 그가 대답했다.

"즐기다니요. 전 정말 내일 회사에 못 갈 정도로 아프면 어쩌나 걱정이 돼서요."

"좋소. 그렇게 걱정되면 이렇게 한번 해볼래요? 일단 두통이 완전히 사라질 거라고 생각하면서 약을 먹고, 내일 일어나 회사에 나가면 얼마나 멋진 하루가 펼쳐질까 기대하면서 잠들어보세요."

내 진심이 담긴 충고가 마음을 움직였는지, 그는 내 말대로 약을 먹고 긍정적인 생각을 하며 잠을 자고 일어나니 거짓말처럼 두통이 말끔히 사라졌다고 기쁜 얼굴로 내게 얘기해주었다. 이때부터 그는 자신의 사고방식을 바꾸기로 결심했다. 결국 두통도 자신의 생각이 만든 것이었다. 이제 그는 자신의 모든 것을 긍정적인 사고 안에서 만들기로 했다.

같은 멜로디라도 어느 작곡가는 흥겨운 댄스곡으로, 또 어느 작곡가는 슬픈 발라드로 만든다. 그리고 가수는 자신이 부르는 노래를 따라간다는 말도 있다. 슬픈 노래를 부르면 자신도 모르게 그 가사대로 살게 된다는 것이다.

어떤 사람의 인생이든 대부분 비슷한 것이 주어진다. 누구나 갖고 있는 것의 차이는 많지 않다. 문제는 당신이 가진 것을 어떤 의지로 움직이느냐다.

우리의 무의식은 우리가 선택한 곳으로 우리를 이끈다. 그러므로 당신이 지금 어떤 인생을 살고 있든 그 인생은 자신이 책임져야 한다. 지금 당신이 지옥과도 같은 삶을 이어가고 있다면, 그것 역시 지옥을 선택한 당신의 책임이다.

이미 방법은 알고 있다

———— 10년 전 어느 날, 신문을 보다가 마침 내게 필요한 책이 눈에 띄어 외국으로 나가는 길에 공항서점에 들어가 점원에게 물었다.

"혹시 여기 이 신문에 나온 책 있나요?"

그러자 점원은 다소 기계적인 태도로 대답했다.

"아, 그 책은 내일쯤 입고될 예정입니다."

"그럼 제가 3일 후에 귀국하는데, 그때 살 수 있도록 한 권만 챙겨주실 수 있을까요?"

점원은 난감한 표정을 짓더니 귀찮다는 듯이 대답했다.

"그건 규칙에 어긋납니다. 불가능합니다."

"그래도 가능한 방법을 찾을 수 있을 것 같은데……."

"저…… 죄송하지만 불가능합니다. 뒤에 손님이 있으니 비켜주

시겠습니까?"

그리고 나서 나는 내 부탁이 정말 들어주기 힘든 것인지 생각해보았다. 아니다. 물론 그런 시스템이 구축되어 있지 않다고 말할 수도 있지만, 방법은 얼마든지 찾아볼 수 있다. 이를테면 책값을 먼저 받은 뒤 책이 입고되면 내 이름이 적힌 쪽지를 붙여놓고, 미리 한 권을 빼놓는 것이다. 이것은 전혀 특별한 방법이 아니다. 다만 점원이 방법을 찾아내지 못한 것은 되는 쪽이 아니라 안 되는 쪽으로 이미 결론지었기 때문이다.

당신은 못하는 게 아니라 안 하는 것임을 명심하라. 방법이 있는데 못한다고 자신에게 거짓말을 하는 것뿐이다. 아마도 그 점원은 이렇게 생각하며 하지 않으려는 의지를 가졌을 것이다.

'서점에 일하면서 이런 것까지 해야 하나.'

'날 우습게보나. 내가 뭐 심부름꾼인가.'

'그냥 귀찮아. 되는 대로 사는 거지 뭐.'

포기가 주는 편안함에 당신의 몸을 맡기지 마라. '불가능하다고 생각하면' 모든 일은 편안해진다. 불가능하니까 안 해도 된다고 생각하기 때문이다. 하지만 언제까지 포기가 주는 편안함에 빠져 당신의 시간을 허비할 것인가. 우리는 끊임없이 변하면서 할 수 있는 방법을 찾아야 한다.

물론 지금은 서점 직원으로 이런 일이 대수롭지 않아 보일지도 모른다. 하지만 20대와 30대에 쓸모없는 일은 하나도 없다. 그 시기의 모든 일은 언젠가 자신에게 힘이 되고, 그 경험은 먼 미래에 더 잘살 수 있도록 해준다.

'할 수 있는 방법을 찾는 것'은 최근에 내가 직면한 문제이기도 했다. 대교는 여전히 시장점유율 1위를 지키고 있지만, 2004년부터는 성장 동력이 약해지고 회원 수 증가도 예전 같지 않았다. 그만큼 비즈니스 환경이 열악해졌다. 우선은 대상 잠재고객이 자꾸 줄어들고 있다. 1980년대 중반만 해도 1년에 태어나는 신생아가 100만 명에 이르렀지만, 요즘은 46만 명 정도에 불과하다. 대상 고객이 줄어드니 학습지 업체들의 경쟁은 더욱 치열해질 수밖에 없다. 학습지 시장은 이미 포화상태에 이르렀다. 점유율 1위인 대교로서는 빼앗아올 것보다 빼앗길 게 많아 점유율 경쟁에서 오히려 불리하다.

물론 대상 연령대를 넓히는 작업은 꾸준히 해왔다. 아래로는 3~4세 유아, 위로는 성인까지 범위를 넓혔지만 근본적인 문제가 해결되지는 않았다. 초등학교 고학년만 되어도 동종 업계뿐 아니라 학원과도 경쟁해야 하고, 고등학생은 학원 외에 온라인 교육업체와도 경쟁해야 한다.

다시 한 번 혁신적인 변화가 필요하다는 생각이 들었다. 지금까지의 방법만으로 성장하기 힘들다면 새로운 성장 동력을 찾아나서야 할 때인 것이다. 모두가 이제 더 이상 회원 수를 늘리기가 어렵다고 말해도, 변화를 통해 방법을 찾아내야 했다. 방법은 찾으면 언제나 있다.

그렇게 찾은 방법들 중 하나가 눈높이 러닝센터다. 지금까지의 교육이 선생님이 찾아가는 방식이었다면, 이제부터는 다시 회원들이 찾아오는 방식으로 전환한 것이다. 대교 눈높이의 정체성과도 같은 일대일 방문학습 방식을 모두 러닝센터로 전환할 수는 없지만, 두 시스템을 병행하면서 보다 나은 방식을 모색할 계획이다.

눈높이 러닝센터는 '진화한' 공부방이다. 회원들은 편한 시간에 러닝센터를 찾아와 책꽂이에서 교재를 뽑아들고 빈자리에 앉아 공부를 시작한다. 교재를 풀다 모르는 문제나 막히는 부분이 있으면 상주하는 어문 선생님이나 수리 선생님에게 도움을 청한다. 선생님은 가르쳐주는 것이 아니라 학습 주체인 학생의 멘토 역할을 한다. 그렇게 학생들이 한 시간 동안 자율적으로 학습하고 돌아가는 방식으로 운영된다.

회비는 동일하지만 어떤 회원에게는 훨씬 더 효과적이다. 영어 랩(Lab)실과 온라인 동영상실, 가상실험 학습실 등을 갖추고 있으므로 집에서보다 양질의 학습을 제공받을 수 있는데다 더 많은 시간 동안 공부할 수 있다. 러닝센터는 선생님과의 약속시간을 맞추기 힘든 회원이나, 개인 사정으로 가정 방문을 부담스러워하는 회원에게도 매력적이다.

변화의 본질은 발상의 전환에 있다. 변화하고자 하는 마음이 없었다면 내가 창안하여 우리나라에서 약 1,000만 명이 학습하는 방문 시스템을 포기할 수 있겠는가? 생각을 달리하고 눈을 크게 뜨면 길이 보인다. 넓디넓은 교육 시장의 모습도 보인다. 평균수명이 늘어나고 은퇴 후의 삶이 길어지면서 직장인 교육, 산업체 교육, 재취업 교육, 문화센터 교육, 노인 교육에 이르기까지 향후 사회교육은 큰 시장으로 떠오를 것이다. 새로운 시장에 진입해 성공하고, 기존 시장에서의 우위를 유지하기 위해 대교는 쉬지 않고 혁신을 추구해야 할 것이다.

서점 직원의 예를 들었듯, 변하지 않으면 살아남을 수 없다. 나도 당신도 마찬가지다. 할 수 있다고 생각하고, 할 수 있는 방법을 찾아내는 데 힘을 쏟아야 한다. 물론 지금까지 당신이 한 번도 시도하지 않은 변화일지도 모른다. 하지만 그렇게 늘 변화를 시도해야 한다. 이제 변화는 새로운 것이 아니라 익숙한 것이 되어야 한다.

대교는 창립 이후 지금까지 늘 변화를 꾀해왔고 새로운 것을 시도해왔다. 불가능해 보이는 것들을 이루어냈다. 그에 대한 보답으로 언제나 '업계 최초'라는 수식어를 달고 다녔다. 후발업체에게는 좋은 본보기가 되어왔다. 끊임없이 혁신했기에 이룰 수 있었던 성과다.

모든 것이 '나의 일'이다

어딜 가든 그 조직에서 뛰어난 성과를 올리는 사람들이 있다. 그들은 자세히 살펴보면 한 가지 공통점을 찾아낼 수 있다. 그것은 바로 '자신을 사장이라 생각하며 직장을 다니고 있다'는 것이다.

월급을 받는 입장이 아닌 월급을 주는 입장이 되면 모든 일에 더 철저해지고 회사의 수익을 올리기 위해 더 열심히 일할 수밖에 없다. 그런 마인드로 일한다고 모든 이익이 회사에만 돌아간다고 생각해서는 곤란하다. 그런 노력은 하나로 모여 결국 개인의 경쟁력으로 작용한다. 일 자체에서 보상을 구하고 보수나 지위는 덤으로 따라온다고 생각하라. 어디서 어떤 모습으로 일하든 그 모든 것은 당신 자신을 위한 것이다.

모든 업무에서 배움의 자세를 유지하는 직원들의 행동은 아주 사소하지만 그들의 삶에 큰 울림으로 자리잡게 된다. 아주 작게는 빈자리에서 울리는 전화를 당겨 받거나, 복도에 떨어져 있는 쓰레기를 줍는 것이다. 나아가 자신이 몸담고 있는 회사의 장점을 다른 사람들에게 얘기해주거나, 상품을 만드는 비용을 효율적으로 사용하거나, 개인의 성장과 회사의 성장을 동일한 목표로 삼는 것 등이 곧 배움의 시작이다. 자신이 속해 있는 곳에서, 지금 당장의 문제에서 배움을 구하라.

언제까지 지금 그 자리에 머물러 있고 싶은가? 남의 일을 한다는 생각으로 계속 살고 싶은가? 어떻게 살고 싶은지 지금 결정하라.

지금 당신이 머물고 있는 자리는 과거의 당신이 선택한 것이다. 아무도 당신의 자리를 결정해주지 않는다. 통장을 깨서 배움을 저축하라. 모든 것은 당신의 결정에 따른 것이다. 다음 질문에 한번 대답해봐라.

"인생의 사장으로 살고 싶은가, 아니면 평생 직원으로 살고 싶은가?"

결정은 당신 몫이다. 모든 것은 당신이 결정할 수 있다. 당신 인생의 사장은 그 누구도 아닌 바로 당신이기 때문이다.

만약 당신이 사장으로 살고 싶다고 결정했다면 개인적인 학습, 즉 배움에 열을 올려야 한다. 당신이 이루고 싶은 그것을 위해 배워야 할 것들에 아낌없이 투자해야 한다. 아무도 당신을 대신해주지 않는다. 자신의 일에 자기만큼 관심 있는 사람은 없기 때문이다.

사장처럼 이야기하고 행동하면 곧 당신도 사장이 된 것처럼 느껴진다. 사장처럼 다른 사람을 대하게 되고, 사장의 말과 행동을 체득하게 된다. 그리고 그보다 놀라운 사실은, 사장이 만들어내는 결과를 당신도 만들어내기 시작한다는 것이다.

그런 과정이 되풀이되면 언젠가 당신도 멋진 사장이 될 것이다. 그래서 배움을 갈망하고 성공을 꿈꾸는 사람이라면 자신의 꿈을 이룰 때까지 끊임없이 사장 흉내를 내야 한다. 그것이 당신의 꿈을 가장 빨리 이루는 길일 테니까.

지독하게 탐닉하라

——— 어떤 일을 시작해 예상보다 못할 때 사람들은 이렇게 말하며 스스로를 위안하곤 한다.

"이게 한계야. 세상 모든 일을 다 할 순 없지."

그들은 얼마나 노력했기에 그런 말을 하는 것일까? 정말 그렇게 말할 정도로 온갖 노력을 다 기울였을까?

또다시 다산 정약용에 대해 잠시 얘기해보면, 그의 직함은 한두 개가 아니다. 그는 경학자이자 예학자, 목민관이자 사학자, 기계공학자, 교육학자, 지리학자, 토목공학자, 의학자로 활동하며 18세기의 대표적인 르네상스형 지식인으로 살았다. 보통사람들은 엄두도 내지 못할 만큼 많은 일을 할 수 있었던 원동력은 무엇일까? 그 답은 바로 '지독한 노력'이다. 위낙 많은 일을 하려다 보니 자연스럽게 그는 늘 자신이 할 수 있는 최고의 '지독한 노력'을 할 수밖에 없었다.

다산은 늘 돌부처처럼 앉아 저술에만 온힘을 기울이다 보니 방바닥에 닿은 복사뼈에 세 번이나 구멍이 뚫렸다. 상상하기도 끔찍한 일이지만, 다산은 통증 때문에 더 이상 앉아 있을 수가 없어 아예 벽에다 시렁을 매달아놓고 서서 작업했다는 말도 전해온다.

나는 늘 다산이 지독하게 배움에 몰두했던 상황을 머릿속에 그리며 살고 있다. 지금도 사람들은 내게 묻는다.

"도대체 어떻게 이처럼 왕성하게 활동할 수 있죠? 그 비결이 뭡니까?"

그 비결은 다산 정약용의 '복사뼈에 뚫린 구멍'이다. 그가 혼신의 힘을 다해 노력하는 모습이 생생한데, 사지가 멀쩡한 내가 어찌 일을 그만둘 수 있겠는가.

우리는 나이에 상관없이 지금 이 순간을 지독하게 살아야 한다. 우리에게 남은 시간은 얼마나 될까? 누군가는 10년이 될 수도 있고, 또 누군가는 한 달만 남아 있을 수도 있다. 하지만 남은 시간보다 더 중요한 것은 그동안 어떻게 살 것이냐다.

얼마 전 나는 어느 교육에 참가한 적이 있다. 그런데 암 진단을 받은 한 교육생이 이런 이야기를 들려주었다.

"죽기 전에 나의 인생을 가치 있게 만들고 싶습니다."

그 교육에서는 사람들이 자기 인생을 가장 가치 있게 살 수 있도록 도와주는 프로그램을 실행하고 있었다. 그 일환으로 만약 시간과 돈, 건강에 구애되지 않는다면 무엇을 배우고 싶은지를 생각해 종이에 적게 했다. 그런 과정을 통해 교육생들은 지금 내가 무엇을 해야 하는지, 그렇게 하면 내 인생이 얼마나 아름다워질지를 상상하며 행복해지게 되는 것이다. 암 진단을 받은 그 교육생은 이런 희망을 적어냈다.

- 스케이트보드를 배우겠다.
- 모든 것을 잊고 세계여행을 떠나겠다.
- 대학에 다시 들어가 진짜 하고 싶은 공부를 하겠다.
- 야구를 배워서 프로선수의 꿈을 키우고 싶다.
- 가족과 함께 더 많은 시간을 보내고 싶다.

그는 자신이 적은 희망을 읽으며 무척이나 행복해했다. 그 순간 그는 현실은 힘들고 고통스럽지만 반드시 이겨내겠다는 지독한 결심을 하면서 병과 싸울 힘을 얻었을 것이다.

그런데 사람들은 자신의 희망 앞에 '언젠가는'을 덧붙인다. 혹시 당신도 그렇지 않은가? 그렇다면 당신의 삶은 늘 같은 자리에 머물 것이다.

지금이라도 그런 삶의 태도를 버려라. 시간과 돈, 건강에 구애되지 않는다면 가장 배우고 싶은 게 무엇인가를 스스로에게 묻고,

그 희망을 이루기 위해 지독하게 배움을 실행할 수 있다면 당신의 삶은 누구보다도 아름다워질 수 있다.

　당신이 그토록 배우고 싶은 그것이 현실적인 금전문제나 부족한 시간이라는 장애물에 부딪혀 사라지게 하지 마라. 배움이 사라지면 당신도 사라지는 것이다. 지독하고 더 지독하게 배움에 탐닉하라. 배움은 당신을 움직이는 심장이기 때문이다.

오늘보다 내일을 꿈꾸어라

우리는 오늘보다 아름다운 내일이 오기를 소망한다. 그러기 위해 가장 먼저 해야 할 일은 '어제 있었던 일이 좋은 일이든 나쁜 일이든 그 기분을 깨끗이 털어내야 한다'는 것이다. 어제에 얽매이면 정작 중요한 오늘을 잘 살 수 없기 때문이다.

당신의 성공은 지금 당신이 가지고 있는 것, 지금 해야 하는 것, 지금 만나야 할 사람에게 있다. 결코 어제 했던 일과 어제 만났어야 할 사람에게 있는 것이 아니다.

그리고 기존의 룰과 타협하지 말아야 한다. 권위나 외압에 압도되어 힘없이 끌려가서는 원하는 것을 이룰 수 없다. 세상이 시키는 대로 하지 말고 당신의 의견을 끝까지 고수해 틀린 부분을 고쳐나가야 한다. 다른 사람들을 따라해서는 자기 목소리를 내기 힘들다.

'모두들 이렇게 안 하는데, 그냥 남들처럼 해야 하는 게 아닐까?'

많은 사람들이 이런 생각을 하며 자기 의견이 아무리 옳아도 밝히지 못한다. 사람들은 바른 의견을 듣고도 색안경을 끼고 바라보거나 질타를 하기 때문이다. 하지만 정말 자신이 옳다고 생각한다면 어떤 일이 있어도 자기 의견을 피력해야 한다. 튀지 않고 가만히 있는 게 좋다는 생각은 자신의 미래를 망치게 할 뿐이다. 그것이 옳은 일인데도 남의 이목을 의식해 다른 길을 선택하는 사람이 어찌 제대로 된 인생을 살 수 있겠는가.

만약 당신이 취업을 앞둔 젊은이라면, 뜻대로 되지 않는다고 쉽게 좌절하지 마라. 한두 번의 실패를 거울삼아 벽돌을 쌓듯 차근차근 자신을 되돌아보고 다시 한 번 생각해봐라.

기업 역시 마찬가지다. 처음부터 큰 기업, 일류 기업은 없다. 모두 작은 가게로 시작해 오늘날 훌륭한 기업이 된 것이다. 작은 안경점에서 세계적인 품질의 안경을 생산하는 대기업이 되고, 신발 하청 업체에서 글로벌 제화기업이 되는 것이다.

그러므로 처음부터 남들이 흔히 말하는 좋은 기업만 찾으려 하지 마라. 그렇다고 꿈을 작게 가지라는 말은 아니다. 꿈은 크게 갖되, 그것을 반드시 큰 기업에서만 이루어야 한다는 생각을 하지 말라는 것이다. 꿈은 공간에 제약받지 않는다. 작은 곳, 작은 것에서 시작해도 꿈을 이룰 수 있다.

물론 높은 연봉과 다양한 복리 혜택을 제공하는 기업에서 사회생활을 시작하고 싶어하는 마음은 누구나 똑같다. 그렇지만 그건 잠깐의 행복만 줄 뿐, 오랫동안 지속되지는 않는다. 가장 중요한 건 회사의 규모나 당신이 맡고 있는 업무의 중요성이 아니라 당신이 자기 일에 대해 갖고 있는 꿈의 크기이기 때문이다.

대교는 매년 인턴사원을 채용하고 있는데, 수습기간이 끝나면 정규직으로 채용되어 현장에서 근무하기 시작한다. 현장에서 다양한 업무 경험을 쌓고 성과를 발휘하게 되면 자기 적성에 따라 희망 부서로 옮겨 근무할 수 있다. 실제로 대교 임원들 중에는 사업부제 교사로 시작해 직원으로 전환되고, 관리자를 거쳐 지금의 자리에 오른 사람이 많다.

이러한 사례는 대교에 다니고 있는 수많은 젊은이들에게 동기부여가 되어, 그들이 새로운 비전을 세우며 생활할 수 있게 한다. 그래서 대교의 기업문화는 경직되어 있지 않다. 업무 성과가 높고 동료들과 원활한 인간관계를 유지한다면 얼마든지 임원이 될 수 있는 길이 열려 있어, 노력에 따라 자신의 꿈을 실현해갈 수 있기 때문이다.

이제 당신도 자신에게 기회를 줘라. 그리고 그 기회를 붙잡아 최고의 삶을 살고 싶다면 그에 맞는 배움의 시간을 가져라. 그 노력이 당신의 꿈을 이뤄줄 것이다.

더 넓은 곳으로 향하라

9회말 투아웃에 주자 2 · 3루, 그리고 3 대 2로 뒤지고 있는 상황에서 9번 타자가 나왔다. 안타 하나면 2점을 추가해 역전할 수 있는 상황이다. 관중들과 같은 팀 선수들은 끝내기 안타가 나오기를 간절히 바라고 있다. 안타가 아니면 볼을 잘 골라 볼넷으로라도 1루에 나가고, 주자 만루 상황에서 발이 빠르고 선구안이 뛰어난 1번 타자에게 기대를 걸어도 좋겠다는 생각을 하고 있다.

그 순간 '딱' 하는 소리와 함께 9번 타자가 친 타구가 날아갔다. 방향은 3루였다. 잘 맞은 타구는 아니지만 열심히 달리면 내야안타가 될 수도 있었다. 그걸 알고 있는 3루수는 전력질주로 달려와 볼을 잡은 뒤 1루로 송구했다. 그 사이 3루 주자는 홈을 밟았다. 타자만 1루에서 세이프가 된다면 최소한 동점이 되어 연장전으로 넘어갈 수 있는 상황이었다. 하지만 결과는 간발의 차이로 아웃이었다.

여기저기서 탄식이 흘러나왔다. 간발의 차이인데다 잘 치고 잘 달리는 호타준족의 대명사인 1번 타자였다면 분명 세이프가 되는 상황이었기에 아쉬움이 더했다.

"조금만 더 빨랐다면 세이프가 될 수 있었는데……."

직장에서 성공한 사람과 실패한 사람의 차이가 크지 않듯, 스포츠에서도 마찬가지다. 9번 타자와 1번 타자는 느낌 자체가 다르다. 9번 타자에게는 안타나 빠른 주루 플레이보다 희생번트나 희생플라이 정도의 역할만 기대한다. 하지만 1번 타자는 다르다. 뭔가 시작되는 느낌이 든다. 그것은 희망이다. 1번 타자가 나오면 관중들은 잘 맞은 안타든 빠른 발이든, 그는 '어떻게든 출루할 수 있을 거야'라는 기대감을 품게 된다. 그런데 이처럼 9번 타자와 1번 타자를 가르는 기점은 대체 무엇일까?

혹시 '활주로 이론'에 대해 들어본 적이 있는가? 비행기가 이륙하기 위해서는 양력(揚力)이 비행기의 중량보다 커야 한다. 양력은 날개의 구조, 추진력, 활주로를 달리는 거리와 시간에 따라 다르지만 비행기의 전체적인 구조가 같다고 가정하면 다음과 같은 공식이 성립된다.

양력＝추진력×활주로를 달린 시간의 제곱

그런데 747항공기가 짐과 승객과 연료를 잔뜩 싣고 이륙하려면 두 가지 조건이 반드시 충족되어야 한다. 시속 300킬로미터 이상의 속도로 달려야 한다는 것과, 그 속도를 유지하면서 약 2킬로미터를 달려야 한다는 것이다. 이 중 한 가지라도 충족되지 않으면 비행기는 절대 날아오를 수 없다. 지상에서 최고의 속도로 일정 거리를 질주해야 비로소 뜰 수 있는 것이다.

성공 역시 마찬가지다. 자신이 갖고 있는 모든 힘을 발휘해 최대한 오래 투자해야 얻을 수 있는 것이다.

9번 타자가 되느냐, 1번 타자가 되느냐도 누가 더 오래 몰입해 연습했느냐에 달려 있다. 그런데 왜 하필 1번 타자일까? 내가 생각하기에, 앞으로는 홈런을 기대하게 하는 4번 타자보다 급격히 변하는 시대에 맞춰 재빠른 움직임으로 성과를 만들어내는 1번 타자 스타일의 경영방식이 더욱 필요하기 때문이다.

나는 앞으로 대교를 세계 교육기업의 1번 타자로 만들고 싶다. 그러기 위해 처음으로 미국에 진출해 한인들을 대상으로 사업을 시작했지만, 그건 옳은 방법이 아님을 금세 깨닫게 되었다. 좀 더 쉽게 시장을 개척하려는 안일한 마음을 갖고 있었던 것이다. 미국 시장에서 대교를 알리려면 현지인을 공략해야 했다. 한국인이 미국인에게 영어를 가르친다면 웃음이 나올 법도 하지만, 영문을 읽고 쓰지 못하는 미국인이 생각보다 많았다. 초등학생의 경우 더욱 심각했는데, 특히 저학년은 다른 국가보다 학력이 크게 뒤처져 있었다. 국가 경쟁력에 걸림돌이 될 정도였다.

한편 미국 사회에서도 교육개혁을 요구하는 목소리가 높아져, 마침내 2001년에는 민주당과 공화당 모두의 지지를 받아 '낙제학생 방지법(NCLBA, No Child Left Behind Act)'이 통과되었다. 국가 차원에서 학생들의 학력을 끌어올리기 위해서였다. 방과 후 프로그램인 SES(Supplemental Education Service)도 그런 노력 중 하나였다. 민간 교육업체에 위탁해 학력 미달 학생들에게 보충교육을 실시하는 것이었다. 교육 프로그램 공급업체 모집에 대교도 신청을 했다. 그리고 한국 교육기업으로는 처음으로 승인을 받아냈다. 주류 시장으로 진입하기 위해 총력을 쏟는 상황에서 일궈낸 값진 성과였다.

미국에 이어 진출한 곳은 홍콩으로, 중국 시장을 뚫기 위한 교두보였다. 가장 중요하면서도 가장 어려운 시장인 중국에는 2002년 베이징에 현지 법인을 설립하면서 본격적으로 진출했다.

중국인은 생김새가 한국인과 비슷하지만 속은 전혀 다르다. 오히려 태국인이나 베트남인이 한국인과 비슷한 면이 더 많은 것 같다. 중국은 한국과 문화가 달라 사업을 하기가 매우 어렵다. 폐쇄적인 법과 제도 등 구조적인 차이뿐만 아니라 중국인의 기질도 큰 걸림돌이다. 아직도 공산국가의 잔재가 남아 있어서인지 생산성이 떨어지고, 현실적인 경향이 강해 보수에 따라 직장을 자주 옮긴다. 황급히 직장을 옮기느라 인수인계조차 하지 않고 사라지기도 한다. 그럼에도 중국은 절대 포기할 수 없는 시장이다.

그 뒤 말레이시아(2004년)와 인도네시아(2007년)에 현지 법인을 설립하면서 동남아지역으로도 진출했다. 라마단 기간에는 모든 것이 멈추는 등 인도네시아에서는 일의 진행속도가 느려 2년 만에야 본격적인 사업을 시작할 수 있었다. 필리핀에서는 2002년부터 교민들을 대상으로 사업을 벌였는데, 2006년부터는 현지 시장에 안착하게 되었다. 이렇게 해서 호주, 뉴질랜드, 영국, 독일 등을 포함해 전 세계 12개국에서 눈높이 사업을 펼치고 있다.

이러한 해외 진출은 포화상태인 국내 시장의 돌파구이며, 정체를 딛고 성장하는 데 반드시 필요한 전략이다. 넓게 보면 국가에 기여하는 일이기도 하다. 미국에서 유학하는 학생만 10만 명이 넘는다. 나가서 돈을 쓰기만 할 게 아니라 벌어오는 사람도 있어야 하지 않겠는가. 그리고 무엇보다도 중요한 것은 우리의 훌륭한 교육철학과 시스템을 다른 나라에 전파하는 것이다. 교육에 관한 한 어느 민족보다 열정적인 한국이, 그리고 한국 교육기업의 1번 타자인 대교가 나서지 않는다면 누가 하겠는가.

눈높이의 해외 브랜드인 '이노피(E.nopi)'는 지금 전 세계에서 좋은 평가를 받고 있다. 기존 학습지를 접고 '이노피'로 전환하는 경우도 늘어나고 있다. 우리보다 30년이나 앞서 해외시장에 진출한 세계 1위 기업을 따라잡을 날도 머지않았다.

이 모든 것은 대교가 현실에 안주하지 않고 좀 더 희망찬 미래를 위해 한국이라는 안식처에서 발을 떼고 세계로 나아갔기에 가능했다. 1번 타자의 마인드와 능력을 가지고 경영을 했기 때문이다. 아무리 발이 빠르고 상대가 견제를 하지 않아도, 1루에서 발을 떼지 않으면 2루까지 갈 수 없다.

그래서 대교는 어린이의 눈높이에서 생각하고, 어린이의 눈높이에서 가르친다는 교육철학을 바탕으로 세계를 향해 발을 뻗었다. 그리고 이젠 더욱 원대하고 큰 미래를 향해 쉬지 않고 나아갈 것이다.

영원히 멈출 수 없는 길

───── 어느 위대한 배움에 이제 막 도달했다면, 당신은 다음 질문에 대답해야 한다.

"다음에는 무엇을 배울 것인가?"

배움이 끝났다고 생각하는 순간, 당신의 발전도 끝나기 때문이다. 끊임없이 배우는 사람이 되기 위해서는 지금 자리에 만족하지 않아야 한다. 자기 주변을 한번 둘러보라. 좀 더 배우면 분명히 더 크게 성공할 가능성이 높은데도 그 자리에 안주하는 사람을 쉽게 찾아볼 수 있다.

그런데 배움을 멈추지 않으려면 어떻게 해야 할까?

우선 틈날 때마다 자신의 앞날을 그려보라. 10년 후, 그리고 20년 후 자신이 어느 분야에서 얼마나 인정받고 있을지 끊임없이 상상해보는 것이다. 그러면 미래를 위해 지금부터 준비를 해야겠다는 생각이 들어 자연스레 다시 배움의 자세를 갖추게 된다.

이제 나는 좀 더 희망찬 대교의 미래를 꿈꾼다. 10년 후에도 내가 지금 이 자리에 있을지는 모르지만, 그 어느 곳에서든 여전히 왕성하게 활동하고 있을 거라고 확신한다. 그래서 전문경영인과 각 계열사 대표에게 전권을 넘기고 나서도 대교의 미래에 대한 생각을 한순간도 잊지 않았다. 6년 동안 본사 밖 사무실로 한 걸음 물러나 있었지만, 배움에 대한 열정은 여전히 대교에 머물러 있었던 것이다.

하지만 내가 물러나 있는 동안 매출은 제자리걸음이었고, 새로운 사업으로 진출하지도 못했다. 돈을 쌓아두기만 할 뿐 어떤 투자도 이루어지지 않았다. 그리고 가장 실망한 것 중 하나는 내가 열정을 쏟아부었던 사업의 성장이 정체되고 있다는 것이었다. 10년 후를 내다보며 경영하고 있다는 느낌이 전혀 들지 않았다.

미래를 꿈꾸고 비전을 실현해나가지 않으면 어떤 기업이든 위기에 빠질 수밖에 없다. 그래서 나는 복귀하기로 결심했다. 회사로 돌아오자마자 나는 눈높이 사업과 신규 사업으로 나누고 본사 인원을 감축하는 한편 사옥도 옮기고 회장실 크기도 줄였다. 10년 후를 그리며 발전을 거듭하던 초심으로 돌아가기 위해서였다.

그리고 미래를 구상했다. 새로운 성장 동력은 꿈을 꿀 때, 미래를 구상할 때 생긴다. 늘 다음을 생각해야 하는 것이 경영이다. 3개월, 6개월, 1년 후의 단기 계획과 10년, 20년, 30년을 내다보는 중

장기 계획이 필요하다. 나는 중장기적으로 대교의 교육 서비스를 보편화·대중화하고 싶다. 강남 8학군 학생들, 부모가 부자인 아이들만 사교육을 받을 수 있는 게 아니라 낙도 어린이와 가난한 학생도 수준 높은 교육을 받을 수 있는 환경을 만들고 싶다.

　교육 서비스는 비싸다고 좋은 것이 아니다. 조금만 연구하면 가격을 낮출 수 있다. 모든 학교의 교실 개방은 나의 소망으로, 대교재단이 운영 중인 경기외고와 한국사이버대학을 통해 실현해나갈 것이다. 또한 질 좋은 교재, 교육 서비스를 꾸준히 개발해 대중화함으로써 부의 격차를 낳는 배움의 격차를 줄여갈 것이다. 그렇게 우리나라뿐 아니라 세계 속의 대교로 우뚝 서기 위한 청사진을 준비하고 있다.

간절히 원하면 꼭 이루어진다

배우기를 그친 사람은 스무 살이든 여든 살이든 늙은 것이다.
항상 배움의 끈을 놓지 않는 사람은 젊다.
삶에서 가장 위대한 일은 정신을 늘 젊게 유지하는 것이다.

_ 헨리 포드(Henry Ford)

──── 1997년에 세상을 떠난 테레사 수녀는 평생 빈민을 위해 봉사했다. 그런데 문득 나는 이런 궁금증이 생겼다.

'이 세상엔 그녀 말고도 불행한 사람들을 위해 봉사하면서 놀라운 업적을 이룬 사람이 많은데, 왜 사람들은 테레사 수녀를 더 많이 기억하는 것일까?'

그 답은 '꾸준하게 지속했다'는 것이다. 그녀는 일관되게 스스로 찾은 꿈에 따라 살았다. 그녀는 남의 칭찬이나 관심을 받기 위해서가 아니라 병든 세상에 희망을 주고, 죽어가는 사람들의 고통을 덜어주기 위해 봉사했다. 그 변치 않는 꿈이 지금의 그녀를 만들었다. 그처럼 변치 않는 오래된 꿈은 보석이 되어 그 사람의 삶을 빛나게 해준다.

그래서 꿈을 가지고, 그 꿈을 오랫동안 지키는 것이 중요하다. 반면 아무런 꿈도 없는 사람에게는 다른 게 주어진다. 바라는 게 없으므로 실망할 일도 없다는 것이다.

꿈을 더 크게 가져라. 지금 당신의 상황이 아무리 힘들어도 포기하지 마라. 가장 어두울 때 불빛이 필요하다. 지금 당신이 어둠 속에 서 있다면 좀 더 밝은 곳으로 나갈 수 있도록 꿈을 가져라.

당신이 원하는 것보다 절대 낮게 꿈을 정하지 마라. '내 능력으로 이 정도면 됐지'라고 자신의 한계를 미리 정해두지 마라. 모든 힘을 발휘한다면 당신의 한계는 사라진다. 한계는 누가 정해놓은 게 아니라 스스로 정하는 것이기 때문이다.

배움은 운 좋게 당첨되는 복권과 같은 것이 아니다. 배움은 열정과 끈기로 오랫동안 전념해야 얻을 수 있는 것이다. 결국 배움에는 끝이 없다. '살며 배우며'는 우리의 삶을 인도해주는 지혜로운 좌우명이다. 어디에 있든, 무엇을 하든 나와 다른 사람의 삶을 모두 풍요롭게 해주는 무엇인가를 배울 수 있다.

진정한 배움 없이는 성공을 그릴 수 없다. 만약 성공이라는 글자를 현미경으로 들여다본다면 그 안에 수없이 많은 배움이 쌓여 있을 것이다.

그리고 나는 알고 있다, 아주 오랜 시간 간절하게 원하는 것은 결국 성취할 수 있다는 것을. 그래서 변치 않는 오래된 꿈은 마침내 보석이 된다. 지금 이 책을 읽고 있는 여러분의 수많은 꿈이 배움의 자세를 통해 꼭 이루어지기를 간절히 바란다.

1949년	경상남도 진주 출생
1972년	건국대학교 농과대학 농화학과 졸업
1975년	창업. 종암교실 개설
1976년	한국공문수학연구회 창립
1986년	대교로 법인 전환
1987년	연세대학교 교육대학원 교육행정학과 졸업(교육학 석사)
1990년	서울대학교 경영대학 최고경영자 과정 수료
1992년	대교문화재단 이사장
1995년	한국과학기술원 최고정보경영자 과정 수료
1996년	대교그룹 회장
2000년	건국대학교 명예 경영학 박사학위 취득
2003년	대한배드민턴협회장
2003년	아시아배드민턴연맹 회장
2003년	한국스카우트연맹 중앙이사
2004년	한국스카우트연맹 부총재
2004년	한국체육대학교 명예 체육학 박사학위 취득
2004년	이화여자대학교 경영대학 겸임교수
2004년	옥관문화훈장 서훈
2005년	국제배드민턴연맹(IBF) 회장
2005년	'세계 가정의 해' 유공자 대통령 표창
2005년	대한체육회(KOC) 부위원장
2005년	한국능률협회 '한국의 경영자상' 수상
2006년	제38차 세계스카우트총회 조직위원회 의장
2006년	KMA-와튼스쿨 최고경영자(CEO) 과정 수료
2008년	한국스카우트연맹 제14대 총재
2008년	세계청소년문화재단 이사장
2008년	학교법인 봉암학원 설립, 이사장 취임
2009년	세계배드민턴연맹(BWF) 회장 재선
2010년	'올해의 21세기 경영인상' 수상
2010년	(주)대교, '2010 투명회계대상'(한국회계학회) 수상